Gerd Engel

Richtig schreiben

in der 3. und 4. Klasse

Materialien für den Unterricht
Hase und Igel®

Geschichten mit Kommissar Kugelblitz erscheinen bei
Egmont Verlagsgesellschaften, SchneiderBuch.
Schulausgaben erscheinen im Hase und Igel Verlag.

Informationen rund um Kommissar Kugelblitz finden Sie
unter www.Kommissar-Kugelblitz.de

www.hase-und-igel.de
Lektorat: Sandra Hummel-Kuhn
Satz: Aline Kirsch
Illustrationen: Johann Brandstetter, Hannes Gerber
Druck: Kösel GmbH & Co. KG, Altusried-Krugzell

ISBN 978-3-86760-826-8

Vorwort

Liebe Kolleginnen und Kollegen,

Rechtschreibunterricht ist freudlos? Ein hartes Brot? Man ist versucht, diese Fragen seufzend zu bejahen. Aber ist das „recht"? Tatsächlich können sich die Kinder manche Regeln nur schwer merken. Sie benötigen teilweise eine hohe Anstrengungsbereitschaft. Aber wer sagt denn, dass sich Kinder nicht gerne anstrengen? Wenn wir ihnen darlegen können, dass es wichtig ist, die rechte Schreibung zu erlernen, und wir ihnen ihre Fortschritte aufzeigen, dann gewinnen sie Freude am Üben. Nehmen wir sie also an unsere Seite und zeigen wir ihnen, dass der vermeintliche Rechtschreibdschungel gar nicht so undurchschaubar ist. Mit dem ortskundigen Reiseleiter Kommissar Kugelblitz konnte ein Experte gewonnen werden, der interessante und abwechslungsreiche Routen kennt. Sicher werden die Kinder gerne folgen.

Der vorliegende Band „Richtig schreiben in der 3. und 4. Klasse" macht zu allen Aspekten des Rechtschreibunterrichts abwechslungsreiche Angebote, die sich an einer gängigen rechtschreibdidaktischen Systematik orientieren. Nutzen Sie diese vollständig oder ergänzend. Die Reihenfolge der Übungen lässt sich den Bedürfnissen Ihrer Klasse anpassen.

Die Übungswörter einer Klasse sind oft themenbezogen. An ihnen erlernen die Kinder exemplarisch verschiedene Muster, Phänomene und Strategien (MPS). Dieser Band bearbeitet diese MPS systematisch und strukturiert die Lernerfahrungen, indem Wörter mit gemeinsamer Problematik auch gemeinsam in den Blick genommen und geübt werden. Der Transfer der Regeln von individuellen Modellwörtern auf alle Wörter einer Phänomengruppe wird so unterstützt. Rechtschreibstrategien nutzen dabei das Wissen aus dem Bereich der Wortgrammatik. Hierzu liefert auch der Band „Sprache untersuchen in der 3. und 4. Klasse" zahlreiche Anregungen.

Das Rechtschreiblernen ist ein übungsintensiver und individueller Vorgang. Deswegen werden alle grundlegenden Arbeitstechniken behutsam eingeführt und vielfältiges Übungsmaterial angeboten. Mit dem beliebten Kommissar Kugelblitz lernen die Kinder viele Übungsformen kennen. So können sie die für sie am besten geeignete Form finden und diese zunehmend selbstständig anwenden.

Der moderne Rechtschreibunterricht erkennt bei aller Verschiedenheit in den Vorgehensweisen drei orthografische Hauptstrategien bzw. Kompetenzen an: die alphabetische Strategie (Laut-Buchstabe-Korrespondenz oder Mitsprechtechnik), die orthografische Strategie (Rechtschreibmuster und -regeln) und die morphematische Strategie (Erkennen der Wortbausteine und Wortbildungsmuster). Sie entwickeln sich anfangs zeitlich versetzt, dann parallel. So ergänzen und unterstützen sie sich gegenseitig.

Vor diesem Hintergrund wurde von verschiedenen Didaktikern eine Einteilung des Wortbestandes in Mitsprechwörter, Nachdenkwörter und Merkwörter vorgenommen. Diese Einteilung hat sich bewährt und wurde auch in die Struktur dieses Rechtschreibbandes übernommen. Verwenden Sie die Begriffe regelmäßig bei der Metakommunikation mit Ihrer Klasse. Die Kinder werden sie übernehmen und von einem Mehr an Rechtschreibbewusstheit profitieren: „Das nächste Wort ist ein Mitsprechwort." „Das Wort Herbst hat eine Merkstelle."

Zu den drei Kompetenzen, die das unmittelbare Rechtschreibwissen ausmachen, kommen weitere methodische und arbeitstechnische Fähigkeiten, die das Rechtschreiben unterstützen, z. B. sorgfältiges Abschreiben, sinnvolles Vorgehen bei der Rechtschreibkontrolle und -korrektur, Nachschlagen von Wörtern im Wörterbuch. Kinder sind mit Freude bereit, all das zu lernen und sich dabei anzustrengen, wenn sie das Gefühl haben, dass diese Arbeit wichtig und aussichtsreich ist. Das gelingt zum einen, wenn der Rechtschreibunterricht sich nicht auf den Lehrgang beschränkt, sondern fest im gesamten Grundschulunterricht verankert ist. Zum anderen, wenn die Schüler den Wortbestand der deutschen Sprache nicht als von Ausnahmen, sondern von Regeln und wiederkehrenden Mustern bestimmt erfahren.

Dieser Rechtschreibband beginnt bei den Grundlagen, die idealerweise schon in den ersten beiden Schuljahren angebahnt wurden: Dem richtigen Abschreiben als Basis für jedes Üben im Rechtschreibunterricht. Die Tipps hierzu werden im 1. Kapitel an den Mitsprechwörtern eingeführt. Im 2. bis 4. Kapitel werden anschließend Nachdenkwörter behandelt. Die im wörtlichen Sinne „merk-würdigen" rechtschriftlichen Phänomene werden im 5. Kapitel systematisch eingeführt. In den letzten beiden Kapiteln werden die Groß- und Kleinschreibung, die Interpunktion sowie Arbeitstechniken näher beleuchtet und geübt.

Ich wünsche Ihnen und Ihren Schülern viel Erfolg im Rechtschreibunterricht. Kommissar Kugelblitz lässt ausrichten, auch er löse nicht jeden Fall an einem Tag.

Gerd Engel

Inhalt

1. Kapitel: Mitsprechwörter

2. Kapitel: Morphematische Basisstrategien

3. Kapitel: Wörter untersuchen, ableiten und verlängern

4. Kapitel: Länge – Kürze, Doppelkonsonanz

5. Kapitel: Merkwörter

6. Kapitel: Groß- und Kleinschreibung, Interpunktion

7. Kapitel: Arbeitstechniken

1. Kapitel: Mitsprechwörter

Vorbemerkung

Grundlage für jedes Rechtschreiblernen ist eine gute Abschreibtechnik. Wer beim Abschreiben ständig auf die Vorlage schauen muss, hat keinen oder nur einen geringen Übungseffekt. Wie lang die Abschnitte sind, die sich ein Kind merken kann – Silbe, Wortteil, Wort, Sinnabschnitt oder Satz –, hängt von seinen kognitiven Fähigkeiten ab, von seiner Motivation, von der Häufung der „schwierigen Stellen" und ob es sich die Bedeutung der Wörter und des Satzes erschlossen hat. Die Auseinandersetzung mit dem Text ist also wichtig. Üben Sie das von Anfang an ein. Das Zerlegen der Wörter in alle klingenden Laute – Mitsprechtechnik – ist dabei zentral. Der Klang der Einzellaute und die Wahrnehmung der Artikulation im Mund unterstützt das rechtschriftliche Speichern des Wortes. Bei dem Wort Kater wird in dieser künstlichen Rechtschreibsprache beispielsweise an die Endung eeeeerrrrrrr erinnert und so die Schreibung „Kata" verhindert. Allgemein wird der Rechtschreiber durch einen Vergleich von Klang und Schreibung auf besondere Stellen aufmerksam, z. B. auch auf die Verhärtung bei dem Wort „sagt". In der Einübungsphase wird auf solche Stolperstellen verzichtet, sodass allen Kindern das wortweise Abschreiben möglich sein sollte.

Der Begriff Mitsprechwort wird eingeführt. Mitsprechwörter sind Wörter, die man so schreibt, wie sie in ihren Einzellauten klingen. Man schreibt sie jedoch nicht automatisch richtig, wenn man sie gut artikuliert. Sie beschränken sich auch nicht auf die – in Wirklichkeit sehr kleine – Gruppe lauttreuer Wörter. Auch hier braucht es ein auf Erfahrung und Übung beruhendes Wissen, in welchen Mustern und Varianten der Wortklang üblicherweise in Schrift übersetzt wird. Oft sind mehrere Möglichkeiten gleichberechtigt oder gleich wahrscheinlich. So ließe sich das Wort Hals auch als Halz oder Halts verschriften. Die Erfahrungen mit Rechtschreibmustern lassen sich über Abschreibübungen gut einprägen. Lesen, Sprechen und Schreiben können in idealer Weise zusammengeführt werden. Die Kinder müssen jedoch dazu angeleitet werden und regelmäßig üben. Passen Sie die Übungsmenge immer dem Leistungsstand der Schüler an, um die Motivation aufrechtzuerhalten.

Zuerst muss ein Wort inhaltlich und klanglich erfasst sowie dessen Wortbild gespeichert werden. Anschließend wird die Textvorlage am besten abgedeckt. Während des Aufschreibens spricht das Kind das Wort dann simultan mit. Die Stimme führt den Stift. Dadurch wird verhindert, dass der Stift „vorauseilt" und dabei einen Buchstaben oder gar Silben vergisst, vor allem, wenn sie weniger deutlich artikuliert werden: Vokale tendenziell eher als Konsonanten, stumme Vokale eher als klingende, Plosive (p, k, t usw.) eher als Frikative (m, n, s usw.).

Der zweite wichtige Zugang, um Wörter lautlich zu strukturieren bzw. zu „portionieren", ist das Einteilen in Silben. Sie können durch Bögen, Farben oder Silbenstriche visualisiert und verdeutlicht werden. Idealerweise kombiniert man das lautliche Mitsprechen mit der Zerlegung in Sprechsilben.

Lehrplanbezug

- Deutliches Lautieren als Rechtschreibstrategie kennenlernen
- Mitsprechwörter als größte Wortgruppe erkennen
- Buchstabenverbindungen und einfache Rechtschreibmuster in die Mitsprechtechnik integrieren
- Das Silbenprinzip als Strukturierungshilfe nutzen
- Das „r" in der Wortmitte besonders beachten
- Problemstellen zunehmend selbstständig entdecken und als Lernhilfe markieren können
- Richtiges Abschreiben einüben
- Das Nachschlagen im Wörterbuch als Rechtschreibhilfe festigen
- Wörter als Mitsprechwörter üben: Wörter mit „ng", „st", „ei" oder „sp"

Zu den Kopiervorlagen

KV Seite 10 Mit Silben richtig schreiben

Das deutliche Sprechen beim Schreiben sowie das Silbieren als Strategie des Richtigschreibens muss sorgfältig angeleitet und eingeführt sowie intensiv geschult werden. Die Schüler sollen lernen, ihrer Stimme zu vertrauen und sie beim Rechtschreiben einzusetzen. Der Großteil des Wortschatzes von Grundschulkindern gehört zu den Mitsprechwörtern. Diese Erkenntnis überrascht und motiviert Kinder. Sie macht ihnen Mut, den „Rechtschreibdschungel" in den Griff zu bekommen. Das Reflektieren über Mitsprechwörter braucht Zeit und muss regelmäßig trainiert und täglich gepflegt werden. Die Stimme haben die Schüler immer „dabei" und können auf sie zurückgreifen. Auch deshalb ist sie eine wichtige Hilfe.

Lösung

Aufgabe 1:

Ho-se, Ta-sche, Gür-tel, Hals-tuch, Un-ter-ho-se, Man-tel, Re-gen-schirm, Pul-lo-ver

Aufgabe 2:

eine Hose, eine Tasche, ein Gürtel, ein Halstuch, eine Unterhose, ein Mantel, ein Regenschirm

Aufgabe 3:

Pullover hat die Merkstelle „v".

Aufgabe 4:

Wir tragen unser Telefon durch den Garten. Hundert Würmer schlafen im Boden. Als sie das Klingeln hören, wachen sie auf. Guten Morgen!

KV Seite 11 Der Wurm turnt auf dem Turm

Bei diesem Übungsbereich kann es anfangs zu Übergeneralisierungen kommen, z. B. Margen statt Magen. Hier hilft der Hinweis auf die Vergleichsprobe: Was klingt richtiger: Marrrgen oder Maaagen? Die Aussprache variiert dialektbedingt je nach Region. Beachten Sie das beim Üben mit Ihrer Klasse.

Die Kinder sollen sich als weiteren Schreibtipp neben dem Wortklang durch das überdeutliche Sprechen auch das Schriftbild eines Wortes einprägen. Am Ende sollte das Geschriebene außerdem immer mit der Vorlage verglichen werden.

Halten Sie die Schüler dazu an, täglich eine Auswahl von Wörtern zu üben.

Lösung

Aufgabe 2:

-ur-: Wurm, Turm, turnt, Purzelbaum, wurzelt
-ar-: Garten, Garn, warten, Tarnfarbe, warnen, zart, warm, hart, Alarm, spart, sparsam, erbarmen, Bart, Art, Markt
-or-: Korn, fordern, Hort, sorgen, Horn, Zorn
-er-: Bürger, Körper, fern, gern, fordern, Zwerge, Berge, erbarmen
-ür-: Bürger, zürnt, würzen, würgen
-ör-: Körper, Körbe, wörtlich

KV Seite 12 Keine Bange vor der Schlange

Die Schreibung von Wörtern mit „ng" macht den Schülern im 3. Schuljahr in der Regel keine größeren Schwierigkeiten mehr. Hier soll vermittelt werden, dass auch Wörter, deren Laute und Lautverbindungen nicht immer eindeutig zum Klingen gebracht werden können, durch überdeutliche Artikulation dargestellt werden können.

Die silbische Aufteilung eines Wortes ist neben dem deutlichen Mitsprechen eine zweite wichtige Möglichkeit, Wörter in ihrer Lautgestalt zu durchdringen. Sie stellt zudem eine wertvolle visuelle Gliederungshilfe für ein Wort dar. Beides ist für die rechtschriftliche Aneignung elementar.

Lösung

Aufgabe 1:

Schlange – Eisenstange – bange – Zange – lange, Klinge – Schlinge, Finger – Bezwinger – Ringer – Schwinger, geschlungen – notgedrungen – gezwungen, bezwingen – singen – Dingen, Hunger – junger

Aufgabe 2:

z. B. Der Fischer hat einen großen Fisch an der Angel. Die Fans drängen sich um den Star. Der Junge spielt gern mit seiner kleinen Schwester. Der Zauberer wird mit seinem Umhang unsichtbar. Meine Mutter trägt einen Ring am Finger. Der Lehrer möchte mit dem Unterricht anfangen.

KV Seite 13 Mein Schwein pfeift

Am Beispiel der ei-Wörter wird ein weiteres Mal verdeutlicht, was mit Mitsprechwörtern gemeint ist: Nicht ausschließlich Wörter mit lautgetreuer Schreibung, sondern eine einfache Schreibweise, die man weitgehend sicher mithilfe des deutlichen Mitsprechens erschließen kann. Wörter mit „ai“ sind seltene Ausnahmen und werden auf der Kopiervorlage Seite 74 als Merkwörter behandelt.

Lösung

Aufgabe 1:

Mein kleines Schwein, fast stubenrein,
das hüpft in unsere Torte hinein.
Mit feiner Schleife und lautem Gepfeife.
Mein Onkel macht sonst selten Geschrei.
Nun keift er: „Welch eine Schweinerei!
Ein Schwein in der Torte
mit Schleife und Gepfeife –
ich bin ja nicht kleinlich,
doch benutzt dein Schwein seine Seife?“

Aufgabe 3:

essbare ei-Wörter: Reis, Fleisch, Brei, Eier
runde ei-Wörter: Scheibe, Kreisel, Reifen, Kreis
berufliche ei-Wörter: Reitlehrer, Schreiner, Geigerin, Schneider
gruselige ei-Wörter: Leiche, Krötenschleim, Schrei, Geist

Weiterführende Anregungen

- Die Schüler haben sicherlich Spaß daran, weitere ei-Wörter zu suchen und in lustige Kategorien einzuordnen.
- In ähnlicher Weise können Sie Wörter mit „z“ behandeln (Wanze, geizen usw.). Die Klangübersetzung liefert zwar die konkurrierende Schreibweise mit „ts“ (stets, hältst) oder „s“ (Hals, Fels), die Ableitungsproben und morphematisches Wissen erforderlich machen. Aber gerade darum ist es nützlich, die z-Schreibweise als einfache Wortgruppe zu thematisieren. Im Folgenden finden Sie eine kleine Wortsammlung: Dezember, Falz, Furz, Geiz, Glanz, Heizung, Holz, Kürze, Pelz, Reiz, Salz, Schmalz, Schürze, Stolz, Sturz, Walze, Weizen, Würze.

  Tipp: Lassen Sie verwandte Wörter suchen, z. B.: der Reiz – die Reizung, reizen, reizend.

KV Seite 14

Mit Hast in den Knast?

Das „s“ vor „t“ kommt im Wortstamm nur als stimmloses „s“ vor, z. B. der Kasten. Junge Rechtschreiber neigen dazu, es manchmal durch „ß“ oder gar „ss“ zu ersetzen: Kaßten, Kassten. Mit dem Üben dieser Mitsprechwortgruppe wird das Bewusstsein für die einfache Schreibweise gestärkt, ohne zu problematisieren.

Lösung

Aufgabe 1:

-ast-: Kasten, Gast, fasten, Laster, Mast, Knast, hasten, Ast, fast, Rast, tasten, Last
-est-: Rest, Pest, am besten, Fest, Test, gestern, westlich, Schwester
-ist-: List, Piste, ist, bist, knistern
-ost-/-öst-: köstlich, rosten, trösten, Post, Most, Osten, Pfosten, Posten, Kosten
-ust-/-üst-: Schuster, Brust, Muster, düster, Frust, rüstig, Lust, flüstern, Küste, Puste

Aufgabe 2:

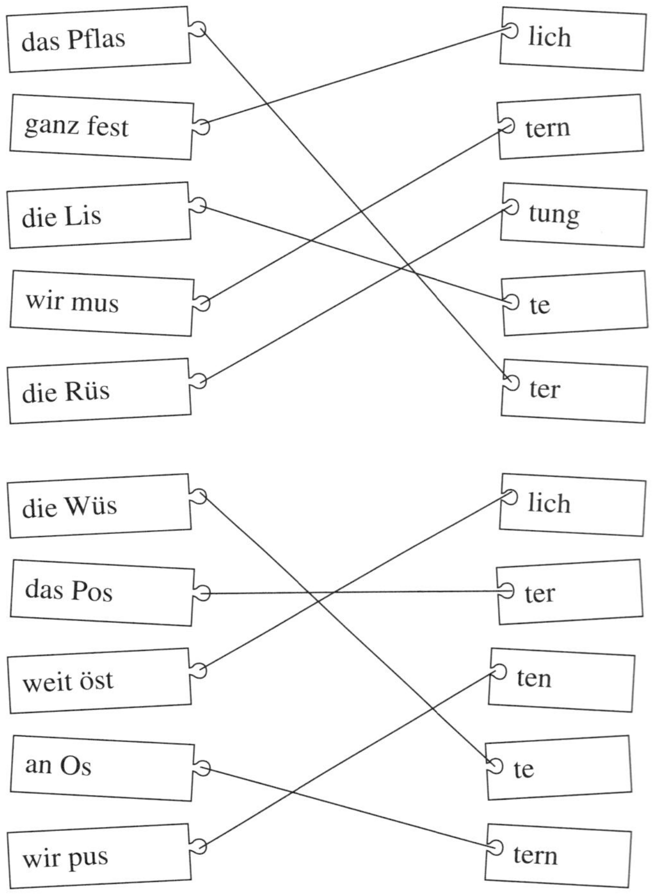

Weiterführende Anregung

Die Kinder suchen im Wörterbuch nach weiteren st-Wörtern. Geben Sie die Wortmitte vor, z. B. aust: Faust, laust, olst: das Polster, polstern, elst: Elster, erst: die Gerste, bersten, urst/ürst: der Durst, dürsten, durstige, die Wurst, die Bürste, bürsten, der Fürst, örst: Förster, enst: das Fenster, die Gespenster, gespenstisch, inst: der Ginster, finster, onst: das Monster, umsonst, sonst, ansonsten, sonstige, unst/ünst: der Dunst, dünsten, die Gunst, günstiger, die Kunst, künstlich

KV Seite 15

Rätsel mit st-Wörtern

Die Kinder üben die Lautkombination „scht" am Wortanfang in die Buchstabenkombination „st" zu übersetzen. Indem sie die Wörter auf vielfältige Weise verwenden, beschäftigen sie sich vertiefend mit der Schreibung und Aussprache und festigen so die Mitsprechstrategie. Für die Einführung und die Weiterarbeit dient folgende Aufstellung weiterer Mitsprechwörter mit „st": Stachel, Stadion, stampfen, stark, Start, stauben, stauen, stechen, steigen, steil, Stein, Stempel, Stern, Stich, Stift, stinken, Stirn, Stolz, stopfen, Storch, Stube, Stunde, Stufe, stur, Sturm, stürzen. Vertiefend können die Schüler selbst st-Rätsel erfinden und sie einem Partner stellen. Dieser löst das Rätsel, spricht das Wort in Silben und schreibt es in sein Heft.

Lösung

Aufgaben 1/2:

stolpern – stol-pern, Stelzen – Stel-zen, Stau – Stau, Stange – Stan-ge, sterben – ster-ben, Stute – Stu-te, Stacheln – Sta-cheln, Stiefel – Stie-fel

Aufgabe 3:

stark, Strafe, strampeln, Strauch, streicheln, streichen, Streifen, streiken, Streit, streng, Strom, Strudel

Weiterführende Anregung

Wörter mit diesem Rechtschreibmuster kann man in einer 5-Minuten-Sammelaufgabe wiederholen und wieder ins Gedächtnis rufen. In Phase eins suchen die Kinder st-Wörter und schreiben sie aus der Erinnerung auf (fünf Minuten). In Phase zwei schlagen sie die Wörter im Wörterbuch nach, prüfen und korrigieren sie. In einer dritten Phase können die Wörter in (Unsinns-)Sätze eingebunden werden.

KV Seite 16

Rätsel mit sp-Wörtern

Die Kinder üben, die Lautkombination „schp" am Wortanfang in die Buchstabenkombination „sp" zu übersetzen, und erweitern so ihre Mitsprechstrategie. Indem sie die Wörter auf vielfältige Weise verwenden, beschäftigen sie sich vertiefend mit der Schreibung und Aussprache und festigen so die Mitsprechstrategie. Zudem lernen sie Wortverwandtschaften kennen und nutzen diese für die Rechtschreibung.

Lösung

Aufgabe 1:

Spalt, Sprudel, Spanien, springen, Speicher, Sprung, spülen, spenden, Spanne, Spaziergang, spielen, Sportler, spuken, sparsam, spüren, Spur, sprechen, Speck, spucken, Spiel

Aufgabe 2:

Sprudel: sprudeln, spru-deln, Spanien: spanisch, spa-nisch, Speicher: speichern, spei-chern, Sprung: springen, sprin-gen, Spanne: spannen, span-nen, Spaziergang: spazieren, spa-zie-ren, Sportler: sportlich, sport-lich, Spur: spuren, spu-ren, Speck: speckig, spe-ckig, Spiel: spielen, spie-len

Aufgabe 3:

abspülen

1. →						S	P	A	R	S	A	M
2. →					S	P	A	N	I	E	N	
3. →				S	P	Ü	R	E	N			
4. →		S	P	E	R	L	I	N	G			
5. →			S	P	R	E	C	H	E	N		
6. →	S	P	U	K	E	N						

Name:

Mit Silben richtig schreiben

Setze Silbenbögen unter die Wörter. Lies laut in Silben vor.

Hose Tasche Gürtel Halstuch

Unterhose Mantel Regenschirm Pullover

Lies die Wörter langsam und deutlich vor.
Jeder Buchstabe und jede Buchstabenverbindung sollen klingen.
Sprich dann auch beim Aufschreiben deutlich mit: Deine Stimme sagt also dem Stift, was er schreiben muss.

Kugelblitz räumt seinen Schrank auf. Schreibe die Mitsprechwörter von oben passend zu den Begleitern. Achtung: Eines ist kein Mitsprechwort!

eine ______________________

eine ______________________

ein ______________________

ein ______________________

eine ______________________

ein ______________________

ein ______________________

Schreibe das Merkwort in den Kasten. Markiere die Merkstelle rot.

Hier hat der Stift nicht auf die Stimme gehört und manchmal einen oder mehrere Vokale (Selbstlaute) vergessen. Setze dort jeweils einen dicken Strich. Schreibe die Sätze anschließend richtig ins Heft.

W|r tragn unsr Tlefn drch dn Gartn. Hndrt Würmr schlafn im Bodn. Als sie ds Klngln hren, wchn sie auf. Gutn Mrgn!

Name:

Der Wurm turnt auf dem Turm

Manchmal hört man das „r" beim Sprechen nicht deutlich oder es klingt wie ein anderer Laut. Beim Mitsprechen musst du dieses „r" rrrrrrichtig rrrrrrrrollen lassen.

Markiere das „r". Sprich die Wörter anschließend und lasse das „r" rrrrrrrrollen.

Wurm Korn Bürger Körper Turm
Garten fern turnt Garn warten gern
Tarnfarbe warnen zart fordern Purzelbaum warm
hart Schirm Zwerge Alarm spart sparsam Berge
erbarmen Bart Hort Körbe sorgen Art wörtlich
wurzelt Horn zürnt würzen Zorn würgen Markt

Schreibe die Wörter geordnet auf. Markiere alle „r".

-ur-: ____________________

-ar-: ____________________

____

-or-: ____________________

-er-: ____________________

____

-ür-: ____________________

-ör-: ____________________

Wähle aus folgenden Ideen aus. Übe die Wörter.

Sortiere die Wörter nach der Anzahl ihrer Silben.

Schreibe mit den Wörtern Sätze.

Sortiere die Wörter im Heft nach ihrer Wortart: Nomen, Verb oder Adjektiv?

Suche im Wörterbuch nach weiteren Wörtern mit undeutlichem „r".

Name:

Keine Bange vor der Schlange

Sprich die Wörter deutlich. Finde die Reime, die zusammenpassen. Markiere sie mit verschiedenen Farben.

Das „n" beim „ng" kann man nicht wie ein *nnnnnnn* klingen lassen. Trotzdem spürst du es beim Sprechen hinten auf der Zunge, z. B. wenn du Wörter wie „Wange" oder „Schlange" deutlich sprichst.

Schlange | Klinge | Eisenstange | Finger

geschlungen | bange | Bezwinger | notgedrungen

Zange | Schlinge | bezwingen | singen

lange | Dingen | gezwungen | Ringer | Hunger | Schwinger | junger

Finde weitere Wörter mit „ng".
Notiere mit jedem Wort einen Satz und markiere „ng" farbig.

ng

A___el
drä___en
Ju___e
Umha___
Ri___
anfa___en

Schreibe 15 Wörter mit „ng" von dieser Seite mit Silbenstrichen auf.

Schlan-ge, Klin-ge,

Name:

Mein Schwein pfeift

In diesem Gedicht sind viele Mitsprechwörter mit „ei“ versammelt. Lies und markiere das „ei“ mit einem Kreis.

Mein kleines Schwein, fast stubenrein,
das hüpft in unsere Torte hinein.
Mit feiner Schleife und lautem Gepfeife.
Mein Onkel macht sonst selten Geschrei.
Nun keift er: „Welch eine Schweinerei!
Ein Schwein in der Torte
mit Schleife und Gepfeife –
ich bin ja nicht kleinlich,
doch benutzt dein Schwein seine Seife?“

Lass dir von einem Partner die ei-Wörter diktieren. Markiere jeweils das „ei“. Sprich beim Schreiben deutlich mit.

Wörter mit „ai“ sind sehr selten. Deshalb sind einfache ei-Wörter Mitsprechwörter.

Sortiere die folgenden ei-Wörter passend ein.

Scheibe Leiche Reitlehrer Reis Reifen

Fleisch Kreisel Brei Krötenschleim Schreiner

Eier Schrei Geigerin Kreis Schneider Geist

essbare ei-Wörter	**runde ei-Wörter**	**berufliche ei-Wörter**	**gruselige ei-Wörter**
______	______	______	______
______	______	______	______
______	______	______	______
______	______	______	______

Name:

Mit Hast in den Knast?

Übertrage die Tabelle in dein Heft. Sortiere die folgenden Mitsprechwörter passend ein. Die Zahl in Klammern gibt an, wie viele Wörter in jeder Gruppe sind.

Kasten Gast köstlich Schuster fasten rosten List Laster
Mast Rest Knast Piste Pest hasten trösten am besten
ist Post Brust Muster Ast Fest fast düster Test Most
Frust rüstig Osten gestern Lust flüstern westlich bist Rast
tasten Last Pfosten knistern Schwester Posten Kosten Küste Puste

-ast- (12)	-est- (8)	-ist- (5)	-ost-/-öst- (9)	-ust-/-üst- (10)

Verbinde die Silben.

das Pflas	lich	die Wüs	lich
ganz fest	tern	das Pos	ter
die Lis	tung	weit öst	ten
wir mus	te	an Os	te
die Rüs	ter	wir pus	tern

Erfinde mit den Wörtern Unsinnssätze. Sprich sie besonders deutlich. Wer kann sie am schnellsten vorlesen, ohne einen Fehler zu machen?

Ein durstiger Gast kostete hastig den restlichen Most. Nun ist der listige Tester seit gestern im Knast.

Name:

Rätsel mit st-Wörtern

Wörter, bei denen du am Wortanfang *scht* sprichst, werden mit „St“ oder „st“ geschrieben. Immer!

Bilde aus den Silben Mitsprechwörter mit „St“ oder „st“. Schreibe sie auf.

stol- | -ben | Stu- | Stel- | Stie-

-ge | Sta- | -zen | Stan- | -fel | ste-

-pern | ster- | Stau | -hen | -cheln | -te

Löse die Rätsel. Setze die Mitsprechwörter von oben ein. Schreibe sie immer zweimal auf: einmal ohne und einmal mit Silbenstrich.

Das Gegenteil von „gehen“: stehen, ste-hen

Man macht es häufig, bevor man hinfällt: ______

Sie machen dich größer und du kannst damit gehen: ______

Kein Autofahrer steht gern darin: im ______

Sie ist oft aus Metall oder Holz und reimt sich auf „lange“: ______

Am Ende müssen es alle Lebewesen einmal: ______

So nennt man ein weibliches Pferd: ______

Ein Igel hat ganz viele davon: ______

Am Nikolaustag stellt man ihn vor die Tür: ______

Ordne die Wörter nach dem Alphabet.

Da die ersten beiden Buchstaben bei allen Wörtern gleich sind, musst du auf den dritten, vierten … Buchstaben achten.

Streifen | Strudel | strampeln | streichen | Strauch | streicheln | Strafe | Strom | streng | streiken | Streit | stark

Name:

Rätsel mit sp-Wörtern

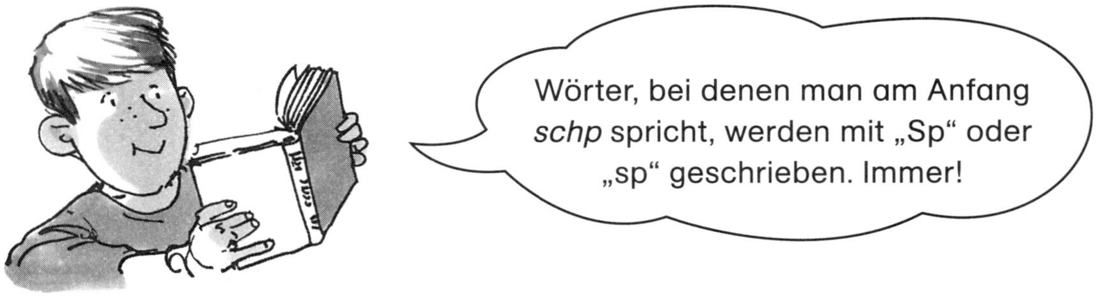

Martin hat aus einem Wörterbuch Mitsprechwörter herausgesucht. Trage „Sp“ oder „sp“ ein.

___alt ___rudel ___anien ___ringen ___eicher ___rung ___ülen ___enden

___anne ___aziergang ___ielen ___ortler ___uken ___arsam ___üren

___ur ___rechen ___eck ___ucken ___iel

Suche aus den Wörtern die Nomen (Namenwörter) heraus. Schreibe jeweils ein verwandtes Wort auf, das du kennst. Schreibe wie im Beispiel ins Heft.

Spalt: spalten, spal-ten

Löse Martins Rätsel. Trage die Lösungswörter in das Gitter ein, dann erfährst du, was Martin gar nicht gern macht:

ab ______ .

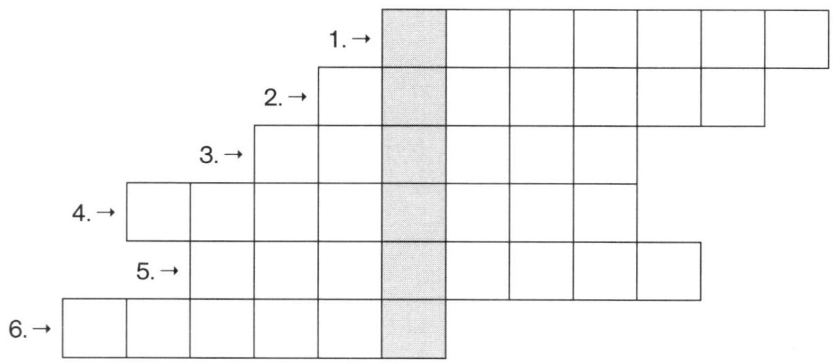

1. Das Gegenteil von „verschwenderisch“
2. Ein Land in Europa
3. Ein anderes Verb (Tunwort) für „fühlen“
4. Man nennt ihn auch Spatz
5. Das Gegenteil von „schweigen“
6. Gespenster tun es

2. Kapitel: Morphematische Basisstrategien

Vorbemerkung

Morphematische Strategien bauen wie kaum ein anderer rechtschriftlicher Bereich auf das Wissen aus der Wortgrammatik auf. Die grundlegende Einsicht, dass Wörter aus Bausteinen zusammengesetzt sind, wird dabei genutzt. Diese Bausteine haben festgelegte Schreibweisen, aber unterschiedliche Funktionen.

Das Stammmorphem, der Wortstamm, enthält den Großteil der Wortbedeutung. Es ist, meist unverändert, in allen Vertretern der Wortfamilie enthalten. Hinzu kommen Wortbildungsmorpheme, die das Stammmorphem inhaltlich genauer bestimmen und abgeleitete Bedeutungen schaffen: Aus dem Stamm „-fahr-" wird durch das angehängte „-en" ein Verb. Durch das vorangestellte „ver-" wird die Wortbedeutung neu akzentuiert.

Eine weitere Gruppe sind Flexionsmorpheme. Auch sie können sowohl vor dem Wortstamm (Präfix) oder nach dem Wortstamm (Suffix) stehen

Bei Komposita werden Wörter aus verschiedenen Wortfamilien miteinander kombiniert (Autofahrer, Gefahrenabwehr, saugefährlich, Tagesfahrt). Oft ist das Bestimmungswort bereits auf seinen Stamm reduziert (Schreibwaren, Kennziffer, Keuchhusten). Manchmal sind an den Nahtstellen (Fugen) besondere Buchstaben notwendig (Gefahr*en*abwehr, Tag*es*fahrt). Als Rechtschreibproblem unmittelbar relevant ist beispielsweise das Fugen-s (Geburtstag*s*feier). Die rechtschriftliche Relevanz morphematischen Wissens wird anhand verschiedener Phänomene deutlich:

- Das Wissen über Wortstämme kann für verwandte Wörter genutzt werden, besonders bei schwierigen Fällen, z.B. Schreibwaren (Auslautverhärtung), Kennziffer (Doppelkonsonanz).
- Bei Änderungen im Wortstamm lassen sich Muster erkennen, z. B. Haus – Häuser, gießen – goss.
- Die Kenntnis der Bausteine verhindert Schreibungen wie Forbau, du meinzt, er raufd, fleißik oder sparsahm.
- Die Kinder werden für Buchstabenzusammenstöße sensibilisiert, z. B. erreichen, Grundschullehrer.
- Wortarten können an Suffixen erkannt werden, z. B. „-ig" für Adjektive, „-heit" als Nomenendung.
- Die Bewältigung langer oder schwieriger Wörter wird durch systematisches Vorgehen möglich, z. B. Aus/sicht/s/turm, Fahr/er/laub/nis.
- Das Finden von Wörtern im Wörterbuch wird erleichtert.

Morphematische Strategien gehen Hand in Hand mit Ableitungs- und Verlängerungsstrategien (3. und 4. Kapitel). Dabei schließt der Rechtschreiber von einem Wort auf einen verwandten Begriff. Dies geschieht intuitiv oder nach bestimmten Anweisungen: „Suche bei Verben die wir-Form", „Steigere das Adjektiv", „Bilde bei Nomen die Mehrzahl". Bei alldem ist nun die Wortmorphologie berührt. Beim Verlängern oder Verkürzen werden Wortbausteine angehängt, ausgetauscht oder weggelassen. Auch bei dem Auftrag, eine Wortfamilie zu erkunden, kann man sich dieses Wissens systematisch bedienen (vgl. KV „Morphematicus", Seite 26/27). Das Erforschen der Wortverwandtschaft und der gemeinsamen Bedeutung von Wörtern ist eine wichtige Wortschatzpflege.

Wortbausteine sind oftmals identisch mit Silben, aber eben nicht immer. Bausteine sind bedeutungstragende Einheiten, Silben sind Sprecheinheiten. Um die Kinder nicht zu verwirren, wird in diesem Kapitel auf Silbenübungen verzichtet. Sollten die Kinder dieses Problem selbst aufwerfen, kann man ihnen den Unterschied an verschiedenen Beispielen erläutern: ver/ab/schied/en – ver-ab-schie-den, un/günst/ig – un-güns-tig, Gleich/heit/s/zeich/en – Gleich-heits-zei-chen, Aus/bild/ung/s/platz – Aus-bil-dungs-platz.

Lehrplanbezug

- Vorsilben erkennen und für die Wortbildung gebrauchen
- Anhand der Nachsilben die Wortart erkennen
- Wortfamilien bilden
- Wortstämme und Wortverwandtschaften für die Rechtschreibung nutzen
- Personalformen des Verbs bilden und bewusst auf die Endungen achten
- Anhand des Morphematicus die Zusammensetzung von Morphemen üben
- Zusammengesetzte Wörter bilden
- Buchstabenverdopplungen durch Wortzusammensetzungen erklären
- Das Fugen-s erkennen

Zu den Kopiervorlagen

KV Seite 22 **Navigator Kugelblitz**

Vorsilben sind eigentlich Präfixe und nur zufällig auch Silben oder Sprecheinheiten. Andere Morpheme sind oft keine Silben. Deswegen bevorzugen einige Didaktiker den durchgängig verwendbaren Begriff Wortbaustein. Die hier ausgewählten sind Wortbildungsmorpheme und haben eine semantische Aufgabe. Kompetente Rechtschreiber können sie identifizieren und von anderen Bausteinen abgrenzen. Das ist besonders wichtig, wenn gleiche Buchstaben aneinanderstoßen (siehe KV „Gefährliche Vorsilben", Seite 30). Die Präfixe „ver-", „vor-", „weg-" und „ab-" sind „Merkmorpheme", die Vorsilbe „ent-" hingegen muss semantisch von „end-" unterschieden werden. Mit Vorsilben, auch mit anderen Wortbausteinen, lässt sich das Inventar an Wörtern leicht ausbauen und die sprachliche Ausdrucksfähigkeit vergrößern. Rechtschreibtraining ist somit immer auch Wortschatzarbeit.

Bemerken die Kinder den logischen Fehler in der Geschichte? Wenn das Fußballspiel gerade im Radio kommentiert wird, läuft es ja noch. Dann dürfte es auf den Straßen der Umgebung deswegen keinen Stau geben.

Lösung

Aufgabe 1:

wegfahren, fahren, umfahren, abfahren, erfahren, befahren, ausfahren, einfahren, zerfahren, auffahren, verfahren, Zufahrt

Aufgabe 2:

weg-, um-, ab-, er-, be-, aus-, ein-, zer-, auf-, ver-, Zu-

Aufgabe 3:

absingen, besingen, einsingen, versingen

abkaufen, erkaufen, einkaufen, aufkaufen, verkaufen, Zukauf

weglaufen, umlaufen, ablaufen, erlaufen, belaufen, auslaufen, einlaufen, zerlaufen, auflaufen, verlaufen, Zulauf

KV Seite 23 **Der große Bausteinverdacht**

Durch Wortbauaufgaben und -experimente können die Kinder selbstständig auf morphematische Strategien stoßen. Das soll mit dieser Kopiervorlage unterstützt werden. Die Aufgabe lässt sich gut in Partnerarbeit bzw. an der Tafel vorbereiten. Dazu erhalten die Kinder die Wörter auf Papierstreifen mit dem Auftrag, diese zu sortieren. Sie werden Gemeinsamkeiten und Unterschiede entdecken. In der Reflexion arbeiten sie heraus, dass es zwei Sortierkriterien geben könnte: die Wortmitte und die Endung. Verwenden Sie gegebenenfalls bereits die Begriffe Wortstamm und Wortbausteine. An der unteren Tabelle kann eine weitere Beobachtung gemacht werden: Die Nomenendung „-keit" wird an die Adjektivendung „-sam" angehängt.

Lösung

Aufgabe 1:

	Wörter auf -en	Wörter auf -bar	Wörter auf -ung
Wortstamm -les-	lesen	lesbar	Lesung
Wortstamm -ehr-	ehren	ehrbar	Ehrung
Wortstamm -trenn-	trennen	trennbar	Trennung
Wortstamm -lös-	lösen	lösbar	Lösung
Wortstamm -reiz-	reizen	reizbar	Reizung
	→ Das sind Verben/ Adjektive/ Nomen.	→ Das sind Verben/ Adjektive/ Nomen.	→ Das sind Verben/ Adjektive/ Nomen.

Aufgabe 2:

	-en	-sam	-samkeit
-heil-	heilen	heilsam	Heilsamkeit
-füg-	fügen	fügsam	Fügsamkeit
-wirk-	wirken	wirksam	Wirksamkeit
-bieg-	biegen	biegsam	Biegsamkeit
-spar-	sparen	sparsam	Sparsamkeit
	→ Das sind Verben/ Adjektive/ Nomen.	→ Das sind Verben/ Adjektive/ Nomen.	→ Das sind Verben/ Adjektive/ Nomen.

Ein geheimer Plan

KV Seite 24

Mit dieser Kopiervorlage werden nun auch Vorsilben mit in die Beobachtung einbezogen und eine Sammlung an Morphemen erstellt. Je nach Leistungsstand der Lerngruppe kann sie ergänzt werden. Die Zieltransparenz ist wichtig: Der Bauplan der Wörter soll entschlüsselt werden, um sie leichter richtig schreiben zu können.

Führen Sie die Untersuchung zunächst gemeinsam durch. Bereiten sie die Wörter auf Pappe vor und zerschneiden Sie diese in die Morpheme. An der Tafel kann somit jedes Wort nach und nach in seine Einzelteile zerlegt und diese sinnvoll geordnet werden.

Lösung

Aufgabe 1:

Vorsilben	aus-, an-, ver-, Ge-, ent-, un-, ab-, Um-, Er-, Vor-, be-
Wortstämme	-geb-, -schmieg-, -schlimm-, -leg-, -ein-, -setz-, -schein-, -denk-, -fack-, -zünd-, -leit-, -sünd-, -eig-, -wander-, -reg-, -hoff-, -herr-, -stürm-, -fest-
Bausteine für Verben	-en, -ern, -t, -eln, -n, -nen
Bausteine für Adjektive	-sam, -ig, -lich, -bar, -haft, -isch
Bausteine für Nomen	-heit, -ung, -nis, -nung, -keit, -schaft

Aufgabe 2:

z. B. „-frei-“: frei, befreien, freilich, unfrei, Befreiung, Freiheit

„-gleich-“: ausgleichen, abgleichen, vergleichen, angleichen, begleichen, ungleich, vergleichbar, gleichsam, Gleichung, Gleichnis, Gleichheit, Ausgleich, Abgleich, Ungleichung, Vergleich

„-rein-“: reinigen, verunreinigen, vorreinigen, reinlich, Reinheit, Reinlichkeit, Reinigung, Verunreinigung

10 % Zinsen

KV Seite 25

Besonders wichtig für die Rechtschreibung sind die Endbausteine „-st“ und „-t“. Man spricht auch vom „grammatischen t“. Wenn die Schüler dieses beherrschen und dazu den Wortstamm der Verben erkennen, haben sie eine weitere Fehlerquelle trockengelegt. Hier wird das besondere Augenmerk auf die häufigen Flexionsmorpheme der Verben gerichtet. Immer geht es auch um die Hervorhebung des Stammprinzips der deutschen Rechtschreibung. Die Wortstämme der hier ausgewählten Verben verändern sich, zumindest im Indikativ Präsens, nicht.

Lassen Sie vertiefend zu verschiedenen Verben, z. B. sitzen, reißen, lügen, sticken, die Verbformen ins Heft schreiben.

Lösung

Aufgabe 1:

Martin geht zur Schule. Er hol**t** seine Freundin Lisa ab. Beim Bäcker kauf**en** sich die beiden Brötchen für die Pause. „Leih**st** du mir 20 Cent?“, frag**t** Martin. Lisa drück**t** ihm das Geldstück in die Hand und sag**t**: „Ich beiß**e** nachher gerne mal 10 % Zinsen ab.“

Aufgabe 2:

Grundform	gehen	holen	kaufen	leihen
ich	ich gehe	ich hole	ich kaufe	ich leihe
du	du gehst	du holst	du kaufst	du leihst
er/sie/es	er/sie/es geht	er/sie/es holt	er/sie/es kauft	er/sie/es leiht
wir	wir gehen	wir holen	wir kaufen	wir leihen
ihr	ihr geht	ihr holt	ihr kauft	ihr leiht
sie	sie gehen	sie holen	sie kaufen	sie leihen
Grundform	**fragen**	**drücken**	**sagen**	**beißen**
ich	ich frage	ich drücke	ich sage	ich beiße
du	du fragst	du drückst	du sagst	du beißt
er/sie/es	er/sie/es fragt	er/sie/es drückt	er/sie/es sagt	er/sie/es beißt
wir	wir fragen	wir drücken	wir sagen	wir beißen
ihr	ihr fragt	ihr drückt	ihr sagt	ihr beißt
sie	sie fragen	sie drücken	sie sagen	sie beißen

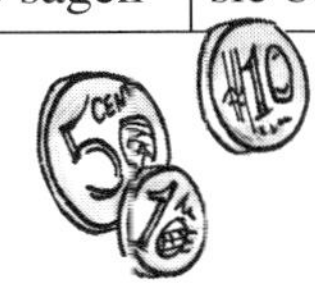

Morphematicus

KV Seite 26/27

Der Morphematicus fasst viele Erkenntnisse aus der vorangegangenen morphematischen Wortanalyse zusammen und macht sie für die Wortfamilienarbeit nutzbar. Die Zuordnung der Suffixe auf den Streifen 4, 5 und 6 ist nicht vollkommen konsequent. Diese Version erleichtert aber die Handhabung. Außerdem hat man eine gute Möglichkeit, wortarttypische Endungen zu finden. Für den Einstieg wurden völlig „treue“ Wortstämme ohne Vokalwechsel und Umlaute ausgewählt. Auf groß- und kleingeschriebene Morpheme auf den Streifen 1, 2 und 3 wurde aus praktischen Gründen verzichtet. Aber gerade darum lässt sich das Thema gut aus dem Blickwinkel der Endbausteine betrachten. Welche Endungen zeigen verlässlich das Nomen an? – „-heit“, „-keit“, „-nis“, „-ung“, „-tum“, „-erei“, „-chen“ und „-lein“.

Kopieren Sie die Vorlagen auf etwas dickeres Papier, sodass der Morphematicus stabil wird und dadurch lange haltbar ist. Die Schüler experimentieren mit ihrem fertigen „Morphi“ zunächst frei. Entdeckungen werden besprochen, Fragen werden geklärt. Warum zum Beispiel taucht der Baustein „vor-“ zweimal auf (vor-be-stell-en, un-vor-stell-bar)? Als Einstiegsübung bietet sich Folgendes an: Ein Kind nennt ein Wort, die anderen bauen es nach. In einer Partnerübung baut ein Kind ein Wort, das vom Partner anschließend aufgeschrieben wird.

Tipp: Überlegen Sie sich vorab eine Möglichkeit, wie Sie den Morphematicus für frontale Reflexionsphasen vergrößern können, z. B. auf Folie kopiert am Overheadprojektor oder als Tabelle an der Tafel.

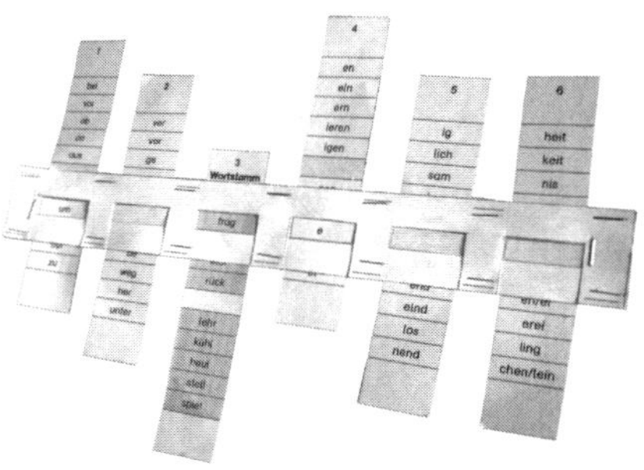

KV Seite 28

Im Eulennest

Wörter zu untersuchen und auseinanderzunehmen lässt sich auch gut bei konkreten Komposita durchführen. Die Schüler haben bereits gelernt, diese Komposita nur am Anfang groß und zusammenzuschreiben. Dies wird hier nebenbei gesichert. Nun geht es primär um den umgekehrten Vorgang – die Analyse. Besondere Beachtung verdient dabei das Zusammentreffen gleicher Buchstaben.

Stimmen Sie die Kinder mit einem Rätsel ein. An der Tafel stehen folgende Wörter: Kugelschreiber, Bilderrahmen, Salamander, Schleiereule und Zootier. Was fällt auf? Welchem der Wörter fehlt etwas, was die anderen gemeinsam haben? Die Kinder werden zunächst inhaltliche Vermutungen anstellen. Geben Sie den Impuls, dass es etwas mit der Bauweise zu tun hat. Wenn die Kinder das Aufgabenformat Kuckucksei noch nicht kennen, wird der Begriff geklärt. Salamander ist das Kuckucksei, weil es kein zusammengesetztes Nomen ist.

Im zweiten Teil geht es um die rechtschriftlich „gefährlichen Zusammenstöße“. Welche sind das und warum?

Lösung

Aufgabe 1:

Stoffbeutel = Stoff + Beutel, ~~Scheußlichkeit~~, Efeublatt = Efeu + Blatt, Sommerfest = Sommer + Fest, Beuteversteck = Beute + Versteck, Heuballen = Heu + Ballen, ~~Dichtung~~, Holzfeuer = Holz + Feuer, Eulenfeder = Eule + Feder, ~~Geheule~~, Hundemeute = Hunde + Meute, ~~Abenteuer~~, Kerzenleuchter = Kerze + Leuchter, Hustensaft = Husten + Saft, Hammelkeule = Hammel + Keule

Aufgabe 2:

Gefährliche Zusammenstöße gibt es bei: Haussuche, Lichttest und Mauerritze.

Aufgabe 3:

Kürbissamen, Stofffetzen, Golddukaten, Beweissicherung, Möbelladen, Hamsterrad

KV Seite 29

Ein ganz besonderer Klebstoff

Von den möglichen Fugen-Morphemen („-n“, „-en“, „-es“, „-er“, „-s“) ist das Fugen-s für den Rechtschreiber klanglich am schwierigsten zu identifizieren. Nach einem „t“ oder verhärteten d-Auslaut (Aussichtsturm, Mitgliedsausweis), aber auch in anderen Umgebungen (Verbrechensbekämpfung, Additionszeichen) klingt es wie ein „z“.

Schreiben Sie als Impuls folgende Wörter an die Tafel: Himmelskörper, Museumswärter, Eintrittspreis, Gitarrenkoffer. Was fällt den Schülern auf? Einem Wort fehlt etwas, das die anderen gemeinsam haben. Wer findet das Kuckucksei? Vereinbaren Sie mit den Kindern, wie Zusammensetzungen mit dem Fugen-s farblich markiert werden können.

Lösung

Aufgabe 1:

Vorrat-s-kammer, Vergnügung-s-park, Vergangenheit-s-form, Aufzug-s-tür, Eigenschaft-s-wort, Erfrischung-s-tuch, ~~Schlagsahne~~, Ausflug-s-ziel, ~~Fruchtsaft~~, Nahrung-s-mittel, Verletzung-s-gefahr, Mitglied-s-ausweis

Aufgabe 2:

<u>Bestimmungswort</u>, **Fugen-s**, *Grundwort*

<u>Ansicht</u>**s***karte*, <u>Advent</u>**s***kalender*, <u>Frühstück</u>**s***ei*, <u>Tapferkeit</u>**s***medaille*, <u>Mittag</u>**s***pause*

Aufgabe 3:

Lieblingsspeise, Königssohn, Verkehrsschild

Bei diesen Zusammensetzungen trifft das Fugen-s jeweils auf das Anfangs-s des Grundwortes.

KV Seite 30

Gefährliche Vorsilben

Der Begriff der gefährlichen Vorsilbe knüpft an die gefährlichen Zusammenstöße bei den Nomenkomposita an. Es geht um die morphembedingte Buchstabenverdopplung. Sie ist aufgrund ihrer Entstehung von der Doppelkonsonanz oder der Längemarkierung „ee", „aa" und „oo" zu unterscheiden.

Angeregt durch die Schlagzeile versuchen die Schüler die gefährlichen Zusammenstöße zu verbalisieren.

Lösung

Aufgabe 1:

Gefährliche Vorsilben sind solche, deren letzter Buchstabe identisch ist mit dem Anfangsbuchstaben des Wortstamms.

Aufgabe 2:

Verben: erraten, erreichen, erringen, errechnen, erretten
Nomen: die Erreichung, die Erringung, die Errettung

Verben: beerdigen, beenden/beendigen, beehren, beengen, beerben
Nomen: die Beerdigung, die Beendigung, die Beengung, die Beerbung

Aufgabe 3:

z. B. Abbau, abbauen, abbeißen, Annahme, annehmen, auffächern, auffädeln, auffallen, auffassen, Aussage, aussagen, aussuchen, überragen, überraschen, Überraschung, unnahbar, unnötig, unnütz, verraten, Verrenkung, verrücken, verrückt, vorreiten, vorrutschen, zerreiben zerrütten

KV Seite 31

„Los Compositos" – geniale Wortfälscher

Hier geht es um Komposita mit einem Wortstamm als Bestimmungswort. Durch die versteckten Wortschöpfungen wird die Aufmerksamkeit auf diese besondere Art der Zusammensetzung gelenkt. Wortstämme kann man schwerer fassen, weil sie abstrakter sind. Man kann sie aber in ein Verb verwandeln.

Manche Zusammensetzungen dieser Art erhalten den Fugenbuchstaben „e", z. B. Wartezimmer, Schneidebrett.

Das Nachdenken über Wortzusammensetzungen führt auch hier zu interessanten Einsichten. Beispiel: Ein Heftpflaster ist kein Pflaster für ein Heft, sondern ein selbstklebendes Pflaster, das man anheften kann. Das Wort Heft ist aber durchaus mit dem Wort heften verwandt und bedeutet so viel wie „zusammengeheftete Blätter". Ohne Nachdenken geht es nicht: Leithammel – Leidhammel?

Die Kinder werden Freude daran haben, die Wortschöpfungen zu übersetzen oder neue zu kreieren.

Lösung

Aufgabe 1:

Telefoniergerät (Telefon), Miauschleicher (Kater), Haudämpfer (Boxhandschuh), Muhhufer (Kuh), Gähntrainer (Lehrer), Fröstelschutz (Jacke), Brutzelcreme (Sonnenmilch), Baumelbrett (Schaukel), Wiegmaschine (Waage), Zensierzahl (Note, Zensur), Tretglieder (Füße, Beine), Seufzgefühl (Kummer), Bezahlmetall (Münze), Schluchzwasser (Tränen)

Aufgabe 2:

Kleb/stoff: kleben + Stoff, Greif/arm: greifen + Arm, Schließ/fach: schließen + Fach, Turn/halle: turnen + Halle, Spazier/gang: spazieren + Gang, Denk/aufgabe: denken + Aufgabe, Fahr/rad: fahren + Rad, Schreib/heft: schreiben + Heft, Streich/wurst: streichen + Wurst, Spring/seil: springen + Seil, Dreh/orgel: drehen + Orgel, Trau/altar: trauen + Altar, Seh/hilfe: sehen + Hilfe, Kehr/besen: kehren + Besen, Trink/flasche: trinken + Flasche, Klemm/brett: klemmen + Brett, Leih/bücherei: leihen + Bücherei, Sing/stimme: singen + Stimme, Gieß/kanne: gießen + Kanne, Heft/pflaster: heften + Pflaster, Mal/kasten: malen + Kasten, Lösch/blatt: löschen + Blatt, Spül/maschine: spülen + Maschine

Aufgabe 3:

z. B. basteln: Bastelanleitung, zaubern: Zauberstab, turnen: Turnbeutel, kochen: Kochmütze

Weiterführende Anregung

Die Kinder suchen Verben aus dem Wörterbuch und bilden damit eigene Zusammensetzungen. Sie können die Verben aber auch vorgeben, z. B. parken, nisten, locken, lenken, lehnen, kennen, kaufen, hüpfen, gehen, flicken, duschen, bügeln, braten, brennen, blasen, fließen.

Sicher haben kreative Schüler auch Freude an eigenen Wortschöpfungen. Einige Ideen: Lauerberuf, Hockmöbel, Grinsgeschichte, Gleitgestell, Frankieraufkleber, Biegstraße, Tapezierpapier, Stinktreter

Name:

Navigator Kugelblitz

Lies folgende Geschichte. Unterstreiche alle Wörter mit dem Wortstamm „-fahr-".

Kugelblitz wird heute mit seinen beiden Kollegen wegfahren. Sie wollen sich in Seebergen einen Grillplatz für den nächsten Betriebsausflug ansehen. Kugelblitz freut sich über sein neues Auto. „Ich werde fahren!", bietet er deswegen an. „Am besten umfahren wir die Baustelle am Autobahnkreuz." Pommes und Sonja Sandmann sind einverstanden. Bevor sie abfahren, fragt Pommes noch, ob er sein Navi mitnehmen soll. „Ach!", erwidert Kugelblitz. „Ich bin ein Fuchs und erfahren. Mein Navigationsgerät ist da oben." Er tippt sich an den Kopf.

Kaum sind sie auf der Landstraße, wird der Verkehr dichter. „Wieso ist diese Nebenstrecke heute so stark befahren?", wundert sich Kugelblitz. Er würde gerne überholen und seinen neuen Wagen einmal richtig ausfahren. Aber im Autohaus haben sie ihm gesagt, er solle den Motor auf den ersten 1000 Kilometern erst einmal einfahren. Kugelblitz stellt das Radio an. „Wir befinden uns in der 60. Spielminute. Immer wieder muss der Schiedsrichter das Spiel unterbrechen. Kein Pass findet sein Ziel. Das Spiel ist völlig zerfahren!", kommentiert ein Sportreporter gerade. Jetzt weiß Kugelblitz auch, warum hier so ein Verkehr herrscht. Der SV Werder Bremen ist für ein Freundschaftsspiel beim TSV Fischerhude zu Gast. Genervt blickt der Kommissar in den Rückspiegel. Wieso muss sein Hintermann denn so dicht auffahren? Sonja Sandmann und Pommes werden schon unruhig. Glauben sie etwa, er hätte sich verfahren? Als er das nächste Straßenschild sieht, wird seine Laune nicht gerade besser: Die Zufahrt nach Seebergen ist gesperrt! Er kratzt sich am Kopf. Jetzt hätte er doch gerne ein richtiges Navigationsgerät!

Markiere die Vorsilben der unterstrichenen Wörter farbig. Schreibe sie in die Bausteine.

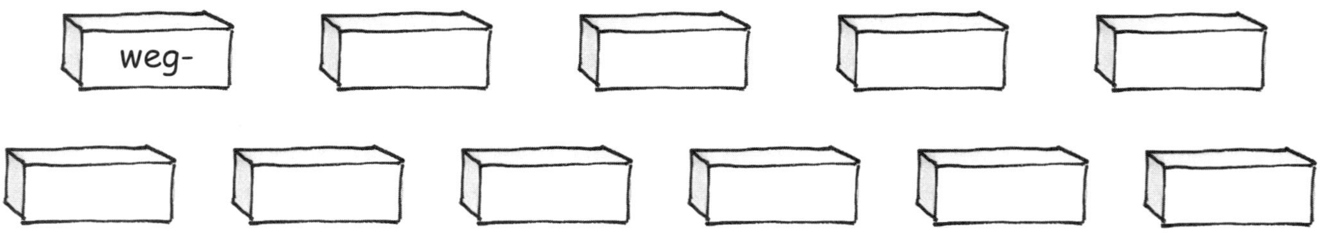

Teste, welche Wörter du mit den Vorsilben und folgenden Verben bilden kannst. Schreibe ins Heft.

singen

laufen

kaufen

Name:

Der große Bausteinverdacht

Sortiere folgende Wörter in die Tabelle ein.

lesen ehrbar Trennung reizen

lesbar Ehrung lösen reizbar

Lesung trennen lösbar Reizung

ehren trennbar Lösung

	Wörter auf -en	Wörter auf -bar	Wörter auf -ung
Wortstamm -les-			
Wortstamm -ehr-			
Wortstamm -trenn-			
Wortstamm -lös-			
Wortstamm -reiz-			
	→ Das sind Verben / Adjektive / Nomen.	→ Das sind Verben / Adjektive / Nomen.	→ Das sind Verben / Adjektive / Nomen.

Finde auch für die nächsten Wörter den richtigen Platz in der Tabelle.

sparen wirken Wirksamkeit fügen Fügsamkeit Sparsamkeit heilsam

sparsam wirksam biegen fügsam Biegsamkeit heilen Heilsamkeit biegsam

	-en	-sam	-samkeit
-heil-			
-füg-			
-wirk-			
-bieg-			
-spar-			
	→ Das sind Verben / Adjektive / Nomen.	→ Das sind Verben / Adjektive / Nomen.	→ Das sind Verben / Adjektive / Nomen.

Name:

Ein geheimer Plan

Martin überprüft den Bausteinverdacht seines Onkels. Bald sieht man ihn Wörter aufschreiben und zerschneiden. Hilf ihm bei dieser kniffligen Arbeit!

Sortiere die Bausteine in die Tabelle. Bausteine, die mehrfach auftauchen, musst du nur einmal notieren.

aus/**geb**/en an/**schmieg**/sam ver/**schlimm**/ern Ge/**leg**/en/heit **ein**/ig

ent/**setz**/lich un/**schein**/bar **denk**/t ab/**fack**/eln **zünd**/eln Um/**leit**/ung

sünd/haft Er/**eig**/nis aus/**wander**/n ab/**reg**/nen **Hoff**/nung **Ein**/ig/keit

Vor/**herr**/schaft **stürm**/isch be/**fest**/ig/en

Vorsilben	
Wortstämme	
Bausteine für Verben	
Bausteine für Adjektive	
Bausteine für Nomen	

Für die Rechtschreibung ist es sehr hilfreich, wenn du die Wortbausteine kennst. Dann kannst du dich ganz auf den Wortstamm konzentrieren.

Finde mithilfe der Tabelle zu den folgenden drei Wortstämmen möglichst viele Wörter, die du kennst. Die Bausteine kannst du dabei kombinieren.

Wortfamilie „-frei-“: be**frei**en, ____________________

Wortfamilie „-gleich-“: ____________________

Wortfamilie „-rein-“: ____________________

Name:

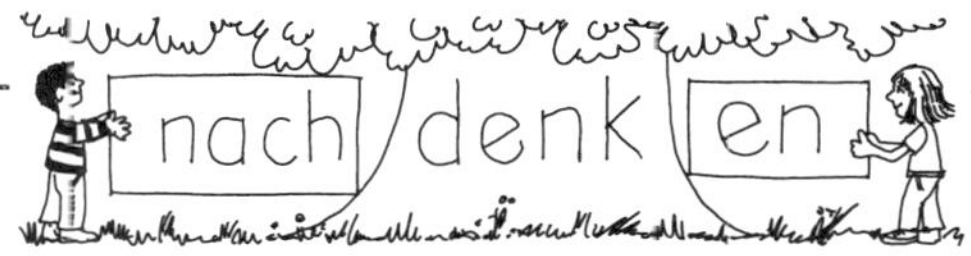

10 % Zinsen

Füge die passenden Endbausteine an die Wortstämme der Verben (Tunwörter).

Martin geht zur Schule. Er hol__ seine Freundin Lisa ab.

Beim Bäcker kauf___ sich die beiden Brötchen für die Pause.

„Leih___ du mir 20 Cent?“, frag__ Martin.

Lisa drück__ ihm das Geldstück in die Hand und sag__:

„Ich beiß__ nachher gerne mal 10 % Zinsen ab.“

Verben sind Verwandlungskünstler. Du kommst aber meist schon mit diesen vier Endbausteinen aus: „-en“, „-e“, „-st“ und „-t“.

Vervollständige die Tabelle. Markiere den Wortstamm und die Endungen jeweils mit zwei unterschiedlichen Farben.

Grundform	gehen	holen	kaufen	leihen
ich				
du				
er/sie/es				
wir				
ihr				
sie				
Grundform	fragen	drücken	sagen	beißen
ich				
du				
er/sie/es				
wir				
ihr				
sie				

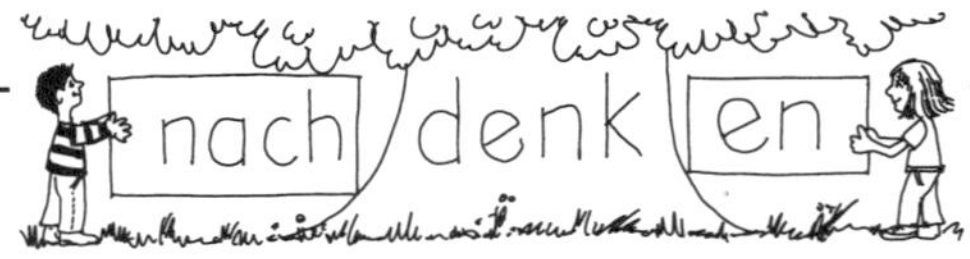

Morphematicus (1)

Prof. Wörtlich hat wieder eine großartige Erfindung gemacht. „Ich werde sie Morphematicus nennen!“, sagt er stolz. „Sie enthält das geheime Wissen über die Worterfindung.“
Martin überlegt: „Kann man den Namen nicht abkürzen? Wie wäre es mit Morphi?“

 **Baue dir einen Morphematicus.**

Du brauchst:

- Schere
- Klebstoff
- Tacker
- Füller
- einen braunen Buntstift

So geht's:

1. Schneide alle Teile entlang den gestrichelten Linien aus.

2. Klebe Teil A und Teil B gegengleich aufeinander, sodass sechs rechteckige Fenster entstehen. Den Klebstoff darfst du dabei nur auf die grauen Flächen auftragen.

3. Befestige daran Streifen C mit einem Tacker als Rückwand. Die Markierungen zeigen, wo die Heftklammern (max. 10 mm) am besten hinkommen. Sie führen später die senkrechten Streifen.

4. Bemale deinen Morphi. Male den Streifen 3 braun an, um die Wortstämme hervorzuheben.

5. Schiebe nun die sechs Streifen mit den Wortbausteinen der Reihe nach in die Sichtfenster.

6. Schon kannst du anfangen Wörter zusammenzusetzen. Wenn du einen Streifen nicht brauchst, schiebe ihn so, dass das graue Feld im Fenster erscheint.

Denke daran: Trotz der Abstände zwischen den Bausteinen werden sie zusammengeschrieben!

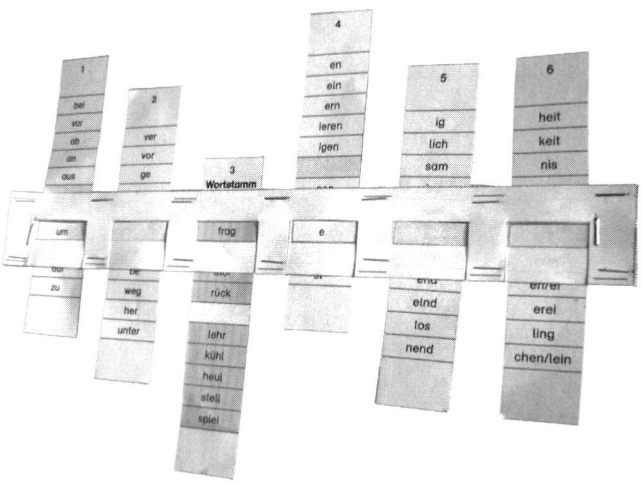

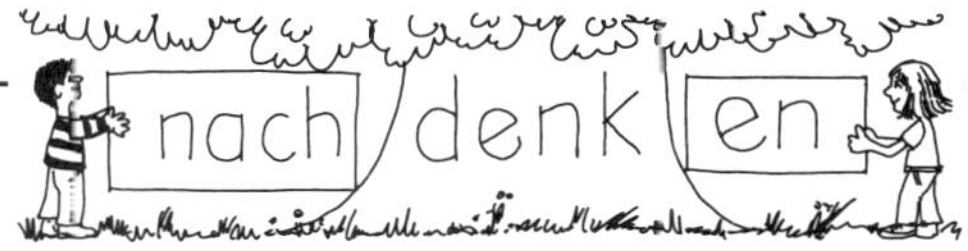

Morphematicus (2)

✂

Teil C | Teil A | Teil B

1	2	3 Wortstamm
bei	ver	sag
vor	vor	frag
ab	ge	lehn
an	zer	stör
aus	ent	rück
ein	er	lehr
um	be	kühl
un	weg	heul
auf	her	stell
zu	unter	spiel

4	5	6
en	ig	heit
eln	lich	keit
ern	sam	nis
ieren	bar	ung
igen	haft	tum
nen	isch	e/el
n	end	en/er
e	elnd	erei
t	los	ling
st	nend	chen/lein

Name:

Im Eulennest

Im Eulennest liegen Nomen (Namenwörter). Trenne sie wie im Beispiel auf. Achtung: Vier „Kuckuckseier“ sind keine zusammengesetzten Nomen! Streiche sie durch.

Es gibt Nomen, die aus zwei oder mehr Wörtern zusammengesetzt sind, z. B.
Schleiereule
=
Schleier
+
Eule

Dorfleute Stoffbeutel Scheußlichkeit Efeublatt
Sommerfest Beuteversteck Heuballen Dichtung
Holzfeuer Eulenfeder Geheule
Hundemeute Hustensaft
Abenteuer Kerzenleuchter Hammelkeule

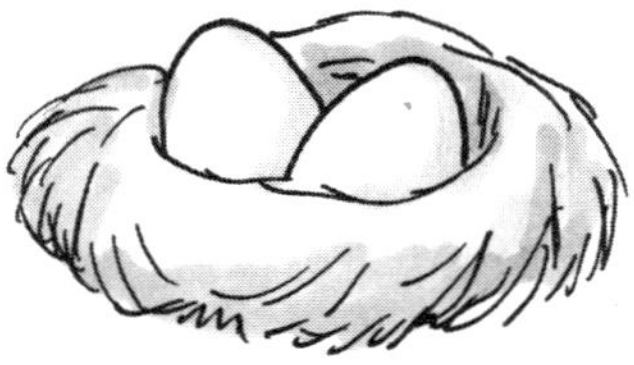

Dorfleute = Dorf + Leute, ______________________________

____

____

____

Male die beiden Wortteile jeweils mit zwei Farben an. Bei welchen der Nomen gibt es einen „gefährlichen Zusammenstoß“? Unterstreiche die Gefahrenstelle.

Manchmal stoßen beim Zusammensetzen mehrere gleiche Buchstaben aufeinander: Ein Zaun aus Holz heißt Hol<u>zz</u>aun, die Fahrt mit einem Schiff heißt Schi<u>fff</u>ahrt.

Schlosstor Haussuche Lichttest
Laubabfall Dachziegel Mauerritze

Bilde zusammengesetzte Nomen und achte auf gefährliche Zusammenstöße. Schreibe in dein Heft.

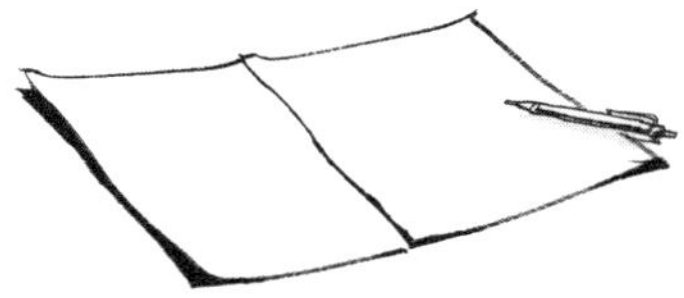

der Samen von einem Kürbis | ein Fetzen aus Stoff | die Dukaten aus Gold
die Sicherung von einem Beweis | ein Laden für Möbel | das Rad für einen Hamster

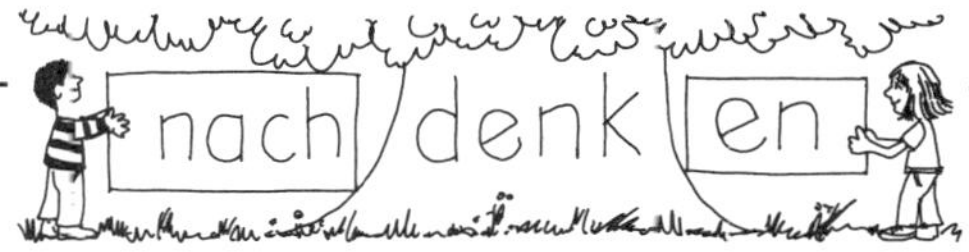

Name:

Ein ganz besonderer Klebstoff

Manchmal erhalten zusammengesetzte Wörter zwischen dem Bestimmungswort und dem Grundwort ein „Klebe-s“ oder Fugen-s.

Beispiel:

= Verkehr**s**insel

Trenne die Wörter auf wie im Beispiel. Schreibe ins Heft.
Achtung: Zwei „Kuckuckseier“ haben kein Fugen-s! Streiche sie durch.

Vorratskammer, Vergnügungspark, Vergangenheitsform, Aufzugstür, Eigenschaftswort, Erfrischungstuch, Schlagsahne, Ausflugsziel, Fruchtsaft, Nahrungsmittel, Verletzungsgefahr, Mitgliedsausweis

Setze diese Wörter selbst zusammen. Alle benötigen ein Fugen-s. Markiere das neue Wort: Bestimmungswort = Blau, Fugen-s = Gelb, Grundwort = Grün.

Bestimmungswort		Grundwort	
Ansicht		Kalender	
Advent		Pause	
Frühstück	s	Karte	Ansichtskarte
Tapferkeit		Ei	
Mittag		Medaille	

Hier heißt es wieder: Gefährlicher Zusammenstoß! Weißt du, warum? Verbinde und schreibe auf.

Liebling		Sohn	
König	s	Schild	
Verkehr		Speise	

Name:

Gefährliche Vorsilben

Verrat! Enttäuschung! Zerrüttung!
Böse Überraschung: Mit Vorsilben kann es zu gefährlichen Zusammenstößen kommen.

Wann werden Vorsilben zu „gefährlichen“ Vorsilben? Erkläre es einem Partner.

Setze aus diesen Bausteinen verschiedene Verben (Tunwörter) und Nomen (Namenwörter) zusammen. Achte auf die gefährlichen Vorsilben!

er-
Er-

-rat-
-reich-
-ring-
-rech-
-rett-

-nen
-en
-ung

Verben ______________________________

____

Nomen ______________________________

be-
Be-

-erd-
-end-
-ehr-
-eng-
-erb-

-ig-

-en
-ung

Verben ______________________________

____

Nomen ______________________________

Finde mithilfe des Wörterbuchs weitere Wörter mit gefährlichen Vorsilben.

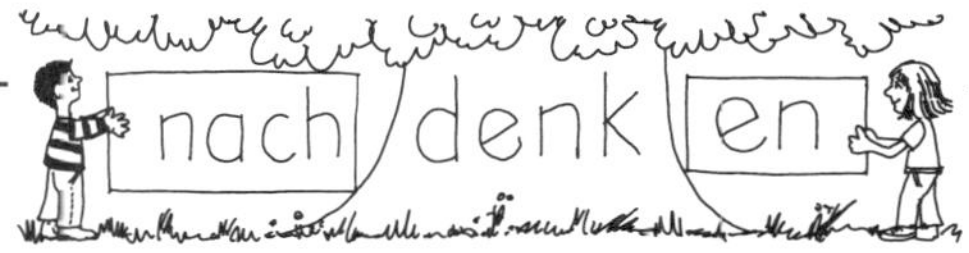

Name:

„Los Compositos" – geniale Wortfälscher

Kugelblitz hat eine Wortfälscherbande geschnappt. In einem sichergestellten Dokument findet er eine merkwürdige Wörterliste. „Gut gemachte Fälschungen", knurrt er. „Aber nicht gut genug!"

Finde die 14 „gefälschten" Wörter und kreise sie ein.

Keuchhusten	Turnhalle	Fröstelschutz	Wiegmaschine	Singstimme
Nähzimmer	Haudämpfer	Streichwurst	Kehrbesen	Gießkanne
Klebstoff	Spaziergang	Springseil	Zensierzahl	Heftpflaster
Telefoniergerät	Muhhufer	Brutzelcreme	Trinkflasche	Bezahlmetall
Greifarm	Denkaufgabe	Drehorgel	Klemmbrett	Malkasten
Schließfach	Gähntrainer	Traualtar	Leihbücherei	Löschblatt
Miauschleicher	Fahrrad	Baumelbrett	Tretglieder	Schluchzwasser
	Schreibheft	Sehhilfe	Seufzgefühl	Spülmaschine

Alle nicht gefälschten Nomen (Namenwörter) wurden mit dem Wortstamm eines Verbs (Tunworts) gebildet. Nimm sie auseinander und schreibe sie wie im Beispiel in dein Heft.

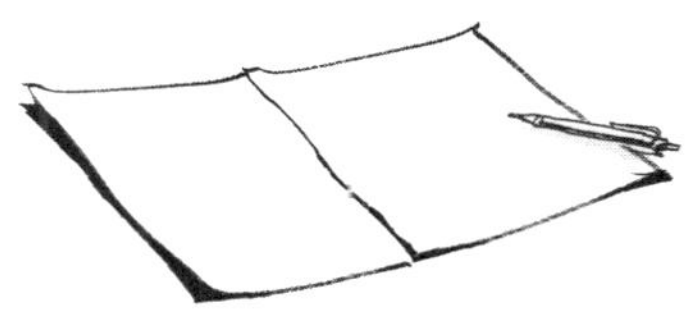

Beispiel: Keuch/husten: **keuch**en + Husten,
Näh/zimmer: **näh**en + Zimmer

Überlege dir zu jedem Verb ein passendes Grundwort und bilde ein zusammengesetztes Nomen. Schlage es anschließend im Wörterbuch nach.

glühen: Glühlampe (S. ____)

basteln: ______________________ (S. ____)

zaubern: ______________________ (S. ____)

turnen: ______________________ (S. ____)

kochen: ______________________ (S. ____)

3. Kapitel: Wörter untersuchen, ableiten und verlängern

Vorbemerkung

Neben der Strategie „Was weiß ich darüber, wie das Wort zusammengesetzt ist?“, um die morphematischen Zusammenhänge eines Wortes herauszufinden, lautet der zweite Ansatz für die Nachdenkstrategie: „Versuche das Wort zu verlängern.“ / „Suche eine Form aus der Wortfamilie.“ Dies führt in vielen Fällen über den Wortklang zu einem Erkenntnisgewinn: Buchstaben werden plötzlich hörbar oder klingen anders, Umlaute werden auf den Stammvokal zurückgeführt, Kurzvokale und vermutete Doppelkonsonanz bestätigt oder widerlegt. Für die Verlängerungsprobe („mies“ kommt von „mieser“) wie auch für die Ableitung („Mäuse“ kommt von „Maus“) wird die Wendung „kommt von“ als durchgehende Formel für die Suche nach verwandten Wörtern verwendet. Das Symbol ist ein nach links gerichteter Pfeil ←.

Folgende Rechtschreibphänomene können durch Verlängern und Ableiten strategisch bearbeitet werden:
silbentrennendes „h“: geht ← ge-hen, zäh ← zä-her bzw. zä-he, Reh ← Re-he
Umlaute: fährt ← fahren, härter ← hart, Wälder ← Wald
hart gesprochene Auslaute: hart ← här-ter oder har-te, Wald ← Wäl-der
hart gesprochene Inlaute: sinkt ← sinken, singt ← singen
stimmloses „s“ oder „ß“: lies ← lesen, mies ← mie-ser bzw. mie-se, Haus ← Häu-ser
Doppelkonsonanz: will ← wol-len, schnell ← schnel-ler, Fell ← Fel-le

Diese Untersuchungen verlangen je nach Wortart unterschiedliche Operationen. Bei den Verben ist es die Bildung der Grundform, bei den Adjektiven die Bildung von Positiv bzw. Komparativ, bei den Nomen die Plural- bzw. Singularbildung. Wie im Beispiel „fahren“ deutlich wird, bleibt jedoch auch nach Durchführung der Operationen eine Stolperstelle übrig, die man sich merken muss.

In der Arbeit mit den Kindern kann man schon sehr früh damit beginnen, die miteinander verwandten Wörter gemeinsam zu lernen, auch wenn die Strategien und Operationen, die sich aus dem Stammprinzip der deutschen Rechtschreibung ergeben, noch nicht thematisiert werden. Beispiel: Das Übungswort „Wald“ wird von Anfang an mit dem Wort „Wälder“ zusammen geübt und „er gibt“ zusammen mit „wir geben“. So sind die Kinder bereits vorbereitet, wenn die Strategien im Laufe der Schulzeit systematisch eingeübt werden.

Grundsätzlich sollten die Schüler das Verlängern und Ableiten immer anwenden, auch wenn es im konkreten Fall nicht erforderlich ist. Nur so eignen sie sich diese Prinzipien intuitiv an. Zum Beispiel ist das Wort „krank“ ein Mitsprechwort und bereitet keine Probleme. Trotzdem vergewissern sich die Kinder, dass am Ende der Buchstabe „k“ steht, indem sie das Wort verlängern: „das kran-ke Kind“ oder „krank – krän-ker“.

Lehrplanbezug

- Wörter wortartgerecht verlängern und ableiten
- Silbentrennendes „h“ zum Klingen bringen
- Den gemeinsamen Wortstamm in verwandten Wörtern erkennen
- Umlaute durch die Ableitung bestätigen
- Auslautverhärtung bei „b“, „d“, „k“ erkennen
- Sprache spielerisch trainieren, Bingo spielen
- Scharfes oder weiches „s“ oder „ß“ durch Verlängern hörbar machen

Zu den Kopiervorlagen

KV Seite 37

Im Garten

Hier geht es um das silbentrennende „h". Es steht bei Wörtern wie ge-hen oder Kü-he am Beginn der zweiten Silbe und ist dadurch hörbar. Solche Wörter können sogar Mitsprechwörter werden, wenn die Kinder das deutliche und bewusste Silbieren beherrschen. Durch die Aufteilung in Silben bei zweisilbigen Verwandten kann das „h" zum Klingen gebracht und im Gedächtnis verankert werden, z. B. „geht" kommt von „ge-hen" und „Kuh" kommt von „Kü-he". Es gibt auch hier Ausnahmen, bei denen die Strategie versagt, wie z. B. bei säen, leiern, Geier oder seien.

Lösung

Aufgabe 1:

Kugelblitz mäht seine Wiese nur einmal im Monat.
Bei ihm blüht sogar der Löwenzahn völlig ungestört.
Der Kommissar zieht es vor, im Liegestuhl zu liegen.
Er geht nämlich in den Garten, um sich zu erholen.
Bei Kugelblitz weht die Fahne seines Lieblingsvereins neben dem Gartenhaus.
Und im Sommer glüht bei ihm jeden Samstag der Grill.

Aufgabe 2:

zie-hen, mä-hen, krä-hen, blü-hen, ge-hen, nä-hen, we-hen, glü-hen

Aufgabe 3:

z. B. Herr und Frau Müller ziehen jedes Unkraut aus ihrem Rasen.
Herr und Frau Müller mähen jede Woche ihren Rasen.
Auf dem Misthaufen des Nachbargrundstücks krähen jeden Morgen zwei Hähne.
Ihre Blumen blühen in allen Farben.
Die beiden gehen in den Garten, um zu arbeiten.
Die Müllers nähen gerade eine Familienflagge, die sie aufhängen wollen.
Windstöße wehen Löwenzahnsamen über den Garten.
Dann glühen sie vor Eifer und kriegen ganz rote Köpfe.

KV Seite 38

Eine Gedichtmaschine

Die Bewusstmachung des Phänomens silbentrennendes „h" wird nun auch auf Nomen und Adjektive ausgedehnt. Wie bringt man das „h" in Reh zum Klingen, wie das in roh? In dem Nonsens-Gedicht wird die Gegenüberstellung dadurch erreicht, das die Figuren einmal einzeln auftreten und einmal als Paar oder zu mehreren. Manche Wortpaare sind wortartengemischt: früh – die Frühe, das Muh – muhen, mühsam – die Mühe.

Lösung

Aufgabe 2:

frohes, Schuh – Schuhe, steht – stehen, fleht – flehen, Zeh – Zehen, froh – frohe, weh – wehe, früh – früher, Reh – Rehe, seht – sehen, Kuh – Kühe, geht – gehen, flieht – fliehen, naht – nahen, Floh – Flöhe, geschieht – geschehen, erzählt – erzählen, leiht – leihen, verzeiht – verzeihen, versteht – verstehen, dreht – drehen, das Muh – muhen, mühsam – Mühe

Die fünf Merkwörter mit „h" sind: erzählt, lohnen, Lehre, zehn, fehlt.

KV Seite 39

Den Umlauten auf der Spur

Von den Umlauten stellen nur „ä" und „äu" ein Rechtschreibproblem dar, da sie lautlich dem „e" und „eu" sehr ähneln und dadurch nicht zu unterscheiden sind. Hier hilft die Strategie des Ableitens. Dafür suchen die Schüler ein verwandtes Wort aus der Wortfamilie, das mit „a" oder „au" geschrieben wird.

Lösung

Aufgabe 1:

viele Schwärme ← der Schwarm, viele Gänge ← der Gang, viele Äxte ← die Axt, viele Bänder ← das Band, viele Fäden ← der Faden, viele Gärten ← der Garten, viele Schwäne ← der Schwan, viele Säfte ← der Saft

Aufgabe 2:

Kranz – Krän-ze – be-kränzt, schät-zen – ver-schätzt – Schatz – Schät-ze, Kamm – un-ge-kämmt – Käm-me, kraft-los – kräf-tig – Kraft, Tanz – tän-ze-risch – er tanzt, Hand – han-deln – Händ-ler – Hän-de

Aufgabe 3:

z. B. Anfänger – anfangen, Schädling – Schaden, Täter – Taten, Männlein – Mann, Mäntelchen – Mantel, Kälte – kalt, Gewässer – Wasser,
Gelände – Land,
Europäerin – Europa,
Häftling – haften,
Gärtner – Garten,
Wärter – warten

KV Seite 40

Lästige Lasten und gefährliche Fahrten

Das Ableiten verlangt oft Sprachgefühl und einen großen Wortschatz. Folgende Leitfragen muss sich der Schüler dabei immer wieder stellen: Welches Wort steckt noch drin? Wie lautet der Wortstamm? Beides wird hier geübt. Zu jedem der Wörter, die hier abgeleitet werden müssen, können die Kinder Verwandte aus der Wortfamilie sammeln. Dabei hilft gegebenenfalls der Morphematicus (siehe KV Seite 27). Auf diese Weise lassen sich immer auch Merkwörter mit „ä" herausstellen, z. B. Bär, gähnen, spät.

Lösung

Aufgabe 1:

beschädigen ← der Schaden, du trägst ← tragen, es bläst ← blasen, quälen ← die Qual, drängen ← der Drang, schämen ← die Scham, sich erkälten ← kalt, ernähren ← die Nahrung, erwärmen ← warm

Aufgabe 2:

ärmlich ← arm, gefräßig ← der Fraß/er fraß, gesprächig ← die Sprache, verräterisch ← Verrat, gehässig ← Hass, gnädig ← die Gnade, mäßig ← das Maß/maßvoll, lächerlich ← lachen, mächtig ← die Macht, oberflächlich ← flach, glänzend ← der Glanz, länglich ← lang

Aufgabe 3:

z. B.

Nomen	Verb	Adjektiv
das Gelächter	wir lachen	lachhaft, lächerlich
die Stärke	wir stärken	stark
der Kampf	wir kämpfen	kämpferisch
der Verdacht	wir verdächtigen	verdächtig
die Wahl	wir wählen	wählerisch
die Verlängerung	wir verlängern	lang
das Rätsel	wir rätseln, wir raten	rätselhaft, ratsam
der Schlaf	wir schlafen	schläfrig
der Schaden	wir schaden / schädigen	schädlich

Weiterführende Anregung

Oft stößt man bei der Suche nach einer Ableitung auf überraschende und jahrhundertealte Wortverwandtschaften, die die Schüler faszinieren. Erläutern Sie diese mit der Klasse, z. B. ähneln – der Urahne, ärgern – arg, bändigen – das Band/die Bande, belästigen – die Last, drängeln – der Drang, ächzen – ach, plätschern – platsch, häkeln – der Haken, erklären – klar, hartnäckig – der Nacken, lästig – die Last, schäbig – die Küchenschabe

KV Seite 41

„Räuber" kommt von „rauben"

Bei den Wörtern mit „äu" haben fast alle ein verwandtes Wort mit „au", sind also ableitbar. Die wenigen Ausnahmen gelten als Merkwörter. Äu-Wörter lassen sich strategisch gut von eu-Wörtern abgrenzen.

Lösung

Aufgabe 1:

Mäuse ← Maus, Bäume ← Baum, Träume ← Traum, Häuser ← Haus, Sträuße ← Strauß, Sträucher ← Strauch, Bäuche ← Bauch, Schläuche ← Schlauch, Räume ← Raum

Aufgabe 2:

die Fäuste ← die Faust, die Läuse ← die Laus, die Mäuler ← das Maul, die Bräute ← die Braut, die Säue ← die Sau, die Käufer ← der Kauf

Aufgabe 3:

äußerlich	außen
das Geräusch	rauschen
enttäuscht	der Tausch
gläubig	glauben
das Säugetier	saugen
das Gebäude	der Bau

KV Seite 42

Ein brandheißer Einsatz

Wörter mit „Eu" oder „eu" sind je nach Sichtweise Nachdenkwörter oder Merkwörter. Da es nur wenige äu-Wörter gibt, die nicht ableitbar sind, kann man durch das Ausschlussverfahren die eu-Wörter bestimmen: Bei erfolgloser Suche nach einer Ableitung können die Kinder im Umkehrschluss auf die Schreibung mit „Eu" oder „eu" schließen. Das verlangt eine gute Ableitkompetenz und Sprachgefühl. Sonst haben am Ende „die Leute" doch etwas mit laut zu tun und werden „Läute" geschrieben. Lassen Sie die Wörter mit „Eu/eu" am besten in einer Sammelaufgabe zusammenstellen und immer mal wieder als Wortgruppe üben.

Lösung
Aufgabe 1:
der Räuber ← rauben, das Euter, die Mäuse ← Maus, zwei Kreuze

Aufgabe 2:
Die Scheune von Bäuerin Krusewald hat heute Nacht gebrannt. Das bedeutet, dass die Heuernte eines ganzen Sommers vernichtet ist. Frau Krusewald heult Rotz und Wasser. „Ich habe neunzehn hungrige Kuhmäuler zu stopfen!“, jammert sie und ballt die Fäuste. Neugierig sieht Kugelblitz sich im Stallgebäude um. Er entdeckt einen Melkeimer mit Benzinresten. Seufzend führt er eine säuerlich blickende Frau Krusewald zum Polizeiauto.

KV Seite 43

Hart oder weich? – Verlängere besser gleich!
Die Verhärtung der Buchstaben „g“, „d“ und „b“ am Ende eines Wortes oder einer Silbe ist eines der wichtigsten Rechtschreibprobleme. Strategisch kann man sich diesem gut nähern. Bieten Sie zum Einstieg Wörter mit Auslautverhärtung an. Die Schüler suchen nach verschiedenen Verlängerungsmöglichkeiten, um den weichen Buchstaben hörbar zu machen. Sie stellen erneut fest, dass die typischen wortartbezogenen Verlängerungsmöglichkeiten hier helfen. Die Kopiervorlage fasst die wichtigsten in Übungen zusammen. Eine weitere Möglichkeit, Nomen zu verlängern, ist die Bildung eines Verbs, z. B. das Lob – lo-ben. Adjektive können attributiv verwendet und vor ein Nomen gestellt werden, z. B. rund – der run-de Kreis.

Lösung
Aufgabe 1:
der Berg ← die Ber-ge, der Grund ← die Grün-de, das Kleid ← die Klei-der, der Dieb ← die Die-be, der Betrieb ← die Betrie-be, der Leib ← die Lei-ber, die Burg ← die Bur-gen

Aufgabe 2:
es liegt ← wir liegen, gezeigt ← wir zeigen, sie siegt ← wir siegen, es klingt ← wir klingen, er hängt ← wir hängen, sie kriegt ← wir kriegen, sie schrieb ← wir schrieben, du reibst ← wir reiben, sie glaubte ← wir glauben, geschwebt ← wir schweben, geklebt ← wir kleben, getrabt ← wir traben

Aufgabe 3:
luftig ← luftiger, wichtig ← wichtiger, nötig ← nötiger, wild ← wilder, fremd ← fremder, rund ← runder, lieb ← lieber, trüb ← trüber, grob ← gröber

KV Seite 44

Harte Kerle
Wenn die Kinder sich mit der Auslautverhärtung beschäftigen, neigen sie teilweise zu einer Übergeneralisierung: Sie schreiben beispielsweise „wingt“ statt „winkt“. Deswegen ist es wichtig, auch solche Wörter probeweise zu verlängern.

Lösung
Aufgabe 1:
z. B. der Schrank ← die Schränke, der Trank ← die Tränke, der Weg ← die Wege, du blinkst ← blinken, du liegst ← liegen, er melkt ← melken, krank ← kränker, besorgt ← besorgter, schräg ← schräger, der Dirigent ← die Dirigenten, der Rekord ← die Rekorde, der Saft ← die Säfte, der Start ← starten, die Unschuld ← unschuldig, das Mitleid ← bemitleiden, lustig ← lustiger, spät ← später, bunt ← bunter

Aufgabe 2:
Angestrengt lenkt Käpt'n Kugelblitz sein leckgeschlagenes Schiff um Kap Horn. Er sieht zu Recht besorgt aus. Das Ruder hat sich verhakt, der Himmel ist bewölkt und schon fegt der Vorbote eines Sturms durch die zerfetzten Segel. Der König der Meere trinkt gepflegt einen Schluck Rum extra-stark, würgt dazu einen Schiffszwieback hinunter, wringt die Tränen aus seinem Taschentuch und winkt damit. Dabei erklingt ein letztes Lied. Er singt es auch noch, als sein Schiff bereits sinkt. Als ihn das Inselvolk nicht bemerkt, hinkt der alte Kapitän leicht gekränkt nach Backbord und springt ins Meer. Er ringt mit einem Hai, erledigt ihn mit links und gelangt heil ans Ufer. Nur die Schulter hat dieser harte Kerl sich verrenkt. Also dankt er seinem Schicksal, legt sich wieder vergnügt in den Sand und denkt: „Das genügt für heute!“

KV Seite 45

Raupvogel oder Raubvogel?
Hier werden Beispiele für das Rechtschreibproblem der Konsonantenverhärtung thematisiert, bei denen der Problembuchstabe in der Wortmitte steht, weil ein oder mehrere Morpheme folgen. Die Aufgaben eignen sich für die Freiarbeit und können in kleinere Einheiten unterteilt über mehrere Tage bearbeitet werden.

Lösung

Aufgabe 1:

g: das Wagnis – wagen, biegsam – biegen, regnerisch – Regen, der Lügner – lügen, südlich – Süden, das Zeugnis – zeugen, erfolgreich – erfolgen, schweigsam – schweigen, sorglos – sorgen, waghalsig – wagen, der Flughafen – fliegen, der Burgturm – Burgen, die Begegnung – gegen

d: leidvoll – leiden, unauffindbar – finden, handlich – Hände, der Radfahrer – Räder, mündlich – Münder, die Gesundheit – gesünder, die Landkarte – Länder, die Geldbörse – Gelder, ländlich – Länder, stündlich – Stunde, unvermeidlich – vermeiden, die Feindschaft – Feinde, kindlich – Kinder

b: strebsam – streben, die Schubkarre – schieben, das Begräbnis – begraben, die Erlaubnis – erlauben, der Korbstuhl – Körbe, der Klebstoff – kleben, lebhaft – leben, glaubhaft – glauben, das Treibholz – treiben, selbst – selber, der Raubvogel – rauben, unbeschreiblich – schreiben

Aufgabe 2:

V: schweigsam – schweigen, V: handlich – Hände, M: Krebs, M: Herbst, M: Subjekt, V: standhaft – Ständer, M: niedlich, V: Begräbnis – begraben,

KV Seite 46

Ohne Fleiß kein Preis!

Die Schreibung beim stimmlosen Auslaut bei „s/ß" kann man in der Regel ebenfalls durch eine Verlängerungsprobe ermitteln. Manchmal fällt das dialektbedingt schwerer oder ist nicht möglich. Das Problem „ß" oder „ss" soll hier nicht berücksichtigt werden.

Lösung

Aufgabe 1:

z. B. das Gras – viele Grä-ser, der Fuß – viele Fü-ße, das Glas – viele Glä-ser, das Eis – ei-sig, das Floß – viele Flö-ße, der Kreis – viele Krei-se

Aufgabe 2:

die Blaskapelle	wir blasen
die Weisheit	weise
boshaft	böse
Rußfilter	die Kerzen rußen
er saß vorne	wir saßen
der Gruß	viele Grüße

Weiterführende Anregung

Bingospiele sind bei den Schülern beliebt und lassen sich in zahlreichen Übungssituationen einsetzen und vielfach variieren. In diesem Spielvorschlag geht es um Ableitungen. Es kann ab drei Spielern gespielt werden. Jedes Kind erstellt ein Bingofeld mit 4 x 4 Feldern. Der Spielleiter diktiert 20 Wörter mit Konsonantenverhärtung, z. B. „gebeugt". Er schreibt sie jeweils auf einen Zettel. Die Spieler schreiben nicht die diktierten Wörter auf, sondern eine geeignete Ableitung. Hierbei ist es möglich, auch mehrere zu einem Wort zu notieren, z. B. diktiert Max „gebeugt". Susi schreibt dazu „die Armbeuge" in ein Feld und „beugen" in ein anderes. Die Kinder können auch ein Wort auslassen, wenn sie keine Ableitung dazu kennen.

Die 20 diktierten Wörter werden in eine Schachtel gelegt. Der Spielleiter zieht jetzt nacheinander 16 Wörter. Jeder, der zu einem Wort eine oder mehrere richtige Ableitungen gebildet hat, darf das Feld oder die Felder auf seiner Bingokarte anmalen. Die gezogenen Wörter und die Ableitungen dazu werden an der Tafel notiert. Es gewinnt der Spieler, der zuerst eine Viererreihe auf seiner Karte hat.

Als Variante kann so lange gespielt werden, bis alle Wörter gezogen wurden. Jede Viererreihe wird dann mit Punkten belohnt, z. B. der erste Vierer mit 20 Punkten, der nächste mit 18 Punkten, der nächste mit 16 usw. Am Ende werden jeweils alle Punkte zusammengezählt. Dadurch können mehr Ableitungen besprochen werden und das Spiel bleibt trotzdem die ganze Zeit spannend.

Name:

Im Garten

Setze die sechs Verben (Tunwörter) mit „h“ passend in die Lücken ein.

zieht	mäht	weht	geht	blüht	glüht

Kugelblitz ______________ seine Wiese nur einmal im Monat.

Bei ihm ______________ sogar der Löwenzahn völlig ungestört.

Der Kommissar ______________ es vor, im Liegestuhl zu liegen.

Er ______________ nämlich in den Garten, um sich zu erholen.

Bei Kugelblitz ______________ die Fahne seines Lieblingsvereins neben dem Gartenhaus.

Und im Sommer ______________ bei ihm jeden Samstag der Grill.

In vielen Verben kannst du das „h“ zum Klingen bringen, indem du die Grundform oder die wir-Form bildest und dann in Silben sprichst.
Beispiel: er lei**h**t ← wir lei-**h**en

Setze die Verben zusammen. Du erhältst die verlängerte Form.

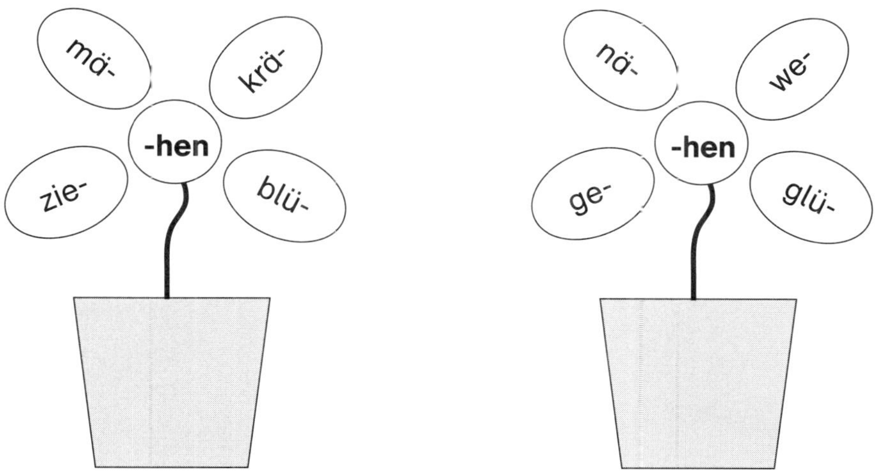

zie-hen, ____

____

Bilde mit den verlängerten Verben jeweils einen Satz. Schreibe ins Heft.

Name:

Eine Gedichtmaschine

Prof. Wörtlich hat eine Gedichtmaschine erfunden. „Man braucht nur ein paar Reimwörter einzugeben und schon dichtet sie wild drauf los“, erklärt er stolz.

Frohes Schuh-bidu

„Wo steht mein Schuh?“,
fleht traurig ein Zeh.
So nackt ist er nicht froh.
„Oh weh, oh weh!“, warnt früh das Reh.
„Seht dort die Kuh.
Sie geht mit dem Schuh.“

Die Kuh, sie flieht. Es naht ein Floh.
Was dann geschieht, erzählt sich so:
Der Floh, der leiht dem Zeh ein Kleid.
Der Zeh verzeiht der Kuh ganz froh.

Was keiner versteht, die Kuh sich dreht.
Sie ruft allen zu: „Ein dreifaches Muh!“
und tanzt dazu einen Schuh-bidu.
Das Reh klatscht mühsam in die Hände –
ein glückliches Ende!

Rohes Schuh-bidu

„Wo stehen“, so flehen
zehn unfrohe Zehen,
„denn nur unsere Schuhe?“
„Ihr dürft jetzt nicht ruhen“,
so warnen zwei Rehe.
„Denn in euren Schuhen
da fliehen – schon seit der Frühe –
zwei riesige Kühe.“

Zwei Flöhe verstehen,
sie leihen den Zehen ihre Kleider.
Verzeihen die Zehen
den klauenden Kühen?
Und lohnen die beiden
den Flöhen ihre Mühen?
Das tun sie nicht und zwar leider.

So kann es geschehen
in taunasser Frühe.
Es bleibt nur die Lehre
von der rohen Natur
zwei Rehe, zwei Flöhe,
zehn Zehen und Kühe –
von Happy End fehlt hier jede Spur!

Markiere alle Wörter, die ein „h“ in der Mitte haben.

Viele Wörter mit „h“ sind Merkwörter. Bei den Nachdenkwörtern mit dem silbentrennenden „h“ kann man das „h“ zum Klingen bringen. Dazu muss man eine zweisilbige Form suchen.

Kugelblitz Tipp!

Nenne zu den h-Wörtern aus dem linken Text Wörter in der verlängerten Form.

Name:

Den Umlauten auf der Spur

Bei Nomen (Namenwörtern) wirst du immer rechtschreibschlauer, wenn du zu der Einzahlform die Mehrzahlform suchst und umgekehrt.

Beweise den Umlaut „ä" in der Wortfamilie dieser Nomen, indem du das „a" in der Einzahlform findest.

viele Schw__rme ← der ____________

viele G__nge ← der ____________

viele __xte ← die ____________

viele B__nder ← das ____________

viele F__den ← der ____________

viele G__rten ← der ____________

viele Schw__ne ← der ____________

viele S__fte ← der ____________

Finde die verwandten Wörter und ergänze „a" oder „ä". Gib jeder Wortfamilie eine eigene Farbe und markiere damit den gemeinsamen Wortstamm.

Kr__nz	T__nz	h__ndeln	sch__tzen	versch__tzt	Kr__ft	Kr__nze
t__nzerisch	H__ndler	K__mm	ungek__mmt	Sch__tz	kr__ftlos	H__nd
H__nde	bekr__nzt	K__mme	Sch__tze	kr__ftig	er t__nzt	

Suche zu den Wörtern mit „ä" ein verwandtes Wort mit „a".
Das kann ein anderes Nomen, ein Verb (Tunwort) oder ein Adjektiv (Wiewort) sein.

An**fäng**er		Ge**wäss**er	
Schädling		Ge**länd**e	
Täter		**Europä**erin	
Männlein		**Häft**ling	
Mäntelchen		**Gärt**ner	
Kälte		**Wärt**er	

Name:

Lästige Lasten und gefährliche Fahrten

Es gibt verschiedene Möglichkeiten, Wörter abzuleiten.
Suche: die Grundform des Verbs (Tunworts): er wäscht ← waschen
ein Nomen (Namenwort): du fängst ← der Fang
ein Adjektiv (Wiewort): abhärten ← hart

Finde zu diesen Verben ein verwandtes Wort mit „a". Markiere den gemeinsamen Wortstamm.

sich ängstigen ← kommt von die Angst
beschädigen ← kommt von ______
du trägst ← kommt von ______
es bläst ← kommt von ______
quälen ← kommt von ______

drängen ← kommt von ______
schämen ← kommt von ______
sich erkälten ← kommt von ______
ernähren ← kommt von ______
erwärmen ← kommt von ______

Leite diese Adjektive in der gleichen Weise ab. Schreibe ins Heft.

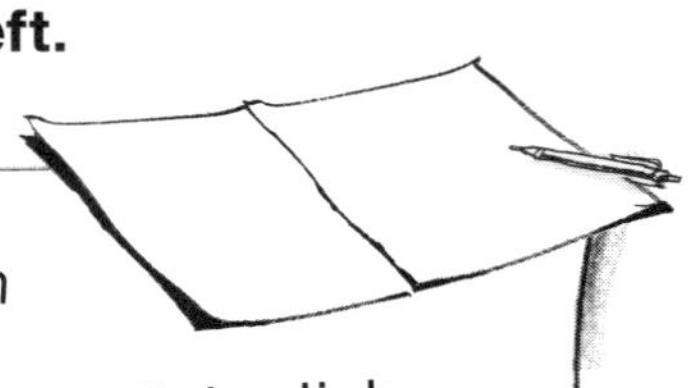

ärmlich gefräßig gesprächig verräterisch
gehässig gnädig mäßig lächerlich
mächtig oberflächlich glänzend länglich

Finde die verwandten Wörter und trage ein. Markiere den gemeinsamen Wortstamm. Setze die Tabelle mit weiteren Begriffen fort.

Nomen	Verb	Adjektiv
das Gelächter	wir	
	wir stärken	
	wir	kämpferisch

Name:

„Räuber" kommt von „rauben"

Wörter, die mit „äu" geschrieben werden, kann man bis auf wenige Ausnahmen aus einem verwandten Wort mit „au" ableiten. Das sind herrliche Nachdenkwörter!

Merkwörter mit „äu" sind: die Säule, sich räuspern, sich sträuben und das Knäuel.

Finde das verwandte au-Wort, indem du die Einzahl bildest.

 ← 

Mäuse ← ______________

Bäume ← ______________

Tr___me ← ______________

H___ser ← ______________

Str___ße ← ______________

Str___cher ← ______________

B___che ← ______________

Schl___che ← ______________

R___me ← ______________

Nun umgekehrt: Suche die Mehrzahlform.

______________ ← die Faust

______________ ← die L___s

______________ ← das M___l

______________ ← die Br___t

______________ ← die S___

______________ ← der K___f

Verbinde die verwandten Wörter und schreibe sie als Wortpaare auf. Markiere den gemeinsamen Wortstamm.

äußerlich	rauschen
das Geräusch	außen
enttäuscht	glauben
gläubig	der Bau
das Säugetier	der Tausch
das Gebäude	saugen

das Geräusch – rauschen

____

____

____

____

____

Name:

Ein brandheißer Einsatz

Es gibt nur wenige Wörter mit „äu“, die man nicht ableiten kann. Wenn du also zu einem Wort keine Ableitung findest, liegt es wahrscheinlich daran, dass es mit „Eu“ oder „eu“ geschrieben wird.

Beschrifte die Bilder.

der Läufer ← laufen

die Eule ← (durchgestrichen) aul oder aulen

der ____________ ← ____________

das ____________ ← (durchgestrichen) aut oder auter

die ____________ ← ____________

zwei ____________ ← (durchgestrichen) Krauz oder ankrauzen

Setze „eu“ oder „äu“ ein. Mache im Kopf die Ableitungsprobe.

Die Sch___ne von B___erin Krusewald hat h___te Nacht gebrannt. Das bed___tet, dass die H___ernte eines ganzen Sommers vernichtet ist. Frau Krusewald h___lt Rotz und Wasser. „Ich habe n___nzehn hungrige Kuhm___ler zu stopfen!“, jammert sie und ballt die F___ste. N___gierig sieht Kugelblitz sich im Stallgeb___de um. Er entdeckt einen Melkeimer mit Benzinresten. S___fzend führt er eine s___erlich blickende Frau Krusewald zum Polizeiauto.

Name:

Hart oder weich? – Verlängere besser gleich!

In vielen Wörtern klingt „g“ wie „k“, „d“ wie „t“ und „b“ wie „p“.
Verlängere das Wort, um den richtigen Buchstaben zu hören.

Beispiele:	Nomen (Namenwörter):	Han**d** → Hän-**de**	**Mehrzahl**
	Verben (Tunwörter):	du le**b**st → le-**b**en	**wir-Form**
	Adjektive (Wiewörter):	gel**b** → gel-**b**er	**steigern**

Ergänze „g“, „d“ oder „b“. Verlängere die Nomen, indem du die Mehrzahl bildest.

der Tag ←	die Tage	der Betrie__ ←	______
der Ber__ ←	die ______	der Lei__ ←	______
der Grun__ ←	die ______	die Bur__ ←	______
das Klei__ ←	die ______		
der Die__ ←	die ______		

Ergänze „g“, „d“ oder „b“. Verlängere die Verben, indem du die wir-Form bildest.

es liegt ←	wir liegen	sie schrie__ ←	wir ______
gezei__t ←	wir ______	du rei__st ←	wir ______
sie sie__t ←	wir ______	sie glau__te ←	wir ______
es klin__t ←	______	geschwe__t ←	______
er hän__t ←	______	gekle__t ←	______
sie krie__t ←	______	getra__t ←	______

Ergänze „g“, „d“ oder „b“. Verlängere die Adjektive, indem du die 1. Steigerungsform (Höherstufe) bildest.

lufti__ ← luftiger	wil__ ← ______	lie__ ← ______
wichti__ ← ______	frem__ ← ______	trü__ ← ______
nöti__ ← ______	run__ ← ______	gro__ ← ______

Name:

Harte Kerle

Mit der **Verlängerungsprobe** bringst du nicht nur die Buchstaben „g“, „d“ und „b“ weich zum Klingen, sondern bestätigst auch „k“, „t“ und „p“ als „harte Kerle“.
Beispiele: der Dan**k** ← dan-**k**en, har**t** ← här-**t**er, er schle**pp**t ← schlep-**p**en

Setze „g“ oder „k“, „d“ oder „t“ ein. Die Verlängerungsprobe hilft dir.

der Schrank ←	die Schränke	der Dirigen__ ←	die ______
der Tran__ ←	die ______	der Rekor__ ←	______
der We__ ←	die ______	der Saf__ ←	______
du blin__st ←	______	der Star__ ←	______
du lie__st ←	______	die Unschul__ ←	______
er mel__t ←	______	das Mitlei__ ←	______
kran__ ←	______	lusti__ ←	______
besor__t ←	______	spä__ ←	______
schrä__ ←	______	bun__ ←	______

Schreibe den Text in dein Heft. Setze in die Lücken „g“ oder „k“.
Bilde als Probe die Verlängerung im Kopf.

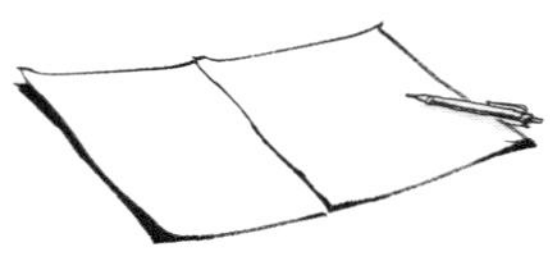

Angestren_t len_t Käpt'n Kugelblitz sein leckgeschlagenes Schiff um Kap Horn. Er sieht zu Recht besor_t aus. Das Ruder hat sich verha_t, der Himmel ist bewöl_t und schon fe_t der Vorbote eines Sturms durch die zerfetzten Segel. Der Köni_ der Meere trin_t gepfle_t einen Schluck Rum extra-star_, wür_t dazu einen Schiffszwieback hinunter, wrin_t die Tränen aus seinem Taschentuch und win_t damit. Dabei erklin_t ein letztes Lied. Er sin_t es auch noch, als sein Schiff bereits sin_t. Als ihn das Inselvol_ nicht bemer_t, hin_t der alte Kapitän leicht gekrän_t nach Backbord und sprin_t ins Meer. Er rin_t mit einem Hai, erledi_t ihn mit lin_s und gelan_t heil ans Ufer. Nur die Schulter hat dieser harte Kerl sich verren_t. Also dan_t er seinem Schicksal, le_t sich wieder vergnü_t in den Sand und den_t: „Das genü_t für heute!“

Name:

Raupvogel oder Raubvogel?

Manchmal klingen „g“, „d“, „b“ auch in der Wortmitte wie „k“, „t“, „p“. Suche dann ein Wort der **Wortfamilie**, bei dem der Problembuchstabe weich klingt:

Beispiele: sor**g**sam → die Sor-**g**e

die Schä**d**lichkeit → scha-**d**en

der Stau**b**sauger → ab-stau-**b**en

Markiere jeweils den Problembuchstaben. Schreibe ein verwandtes Wort auf, das ihn weich zum Klingen bringt. Schreibe ins Heft.

g

das Wagnis, biegsam, regnerisch, der Lügner, südlich, das Zeugnis, erfolgreich, schweigsam, waghalsig, sorglos, der Flughafen, der Burgturm, die Begegnung

d

leidvoll, unauffindbar, handlich, der Radfahrer, mündlich, die Gesundheit, die Landkarte, die Geldbörse, ländlich, stündlich, unvermeidlich, die Feindschaft, kindlich

b

strebsam, die Schubkarre, das Begräbnis, die Erlaubnis, der Korbstuhl, lebhaft, der Klebstoff, glaubhaft, das Treibholz, selbst, der Raubvogel, unbeschreiblich

Verlängere die Wörter im Kopf, sodass du die weichen Buchstaben zum Klingen bringen kannst. Wenn das geht, kreise „V“ grün ein. Wenn das nicht geht, ist es ein Merkwort. Kreise dann „M“ rot ein.

V / M — schweigsam	V / M — Herbst	V / M — niedlich
V / M — handlich	V / M — Subjekt	V / M — Begräbnis
V / M — Krebs	V / M — standhaft	

Name:

Ohne Fleiß kein Preis!

„Fleiß“ und „Preis“ klingen am Ende gleich, ebenso „er las“ und „groß“. Mit der **Verlängerungsprobe** findest du heraus, ob du „s“ oder „ß“ schreiben musst.

Beispiele: der Flei**ß** ← sehr flei-**ß**ig der Prei**s** ← viele Prei-**s**e
sehr gro**ß** ← noch grö-**ß**er er la**s** ← wir la-**s**en

Schreibe die Wörter zu den Bildern. Mache zur Kontrolle die Verlängerungsprobe.

das Gras
→ viele Grä-ser

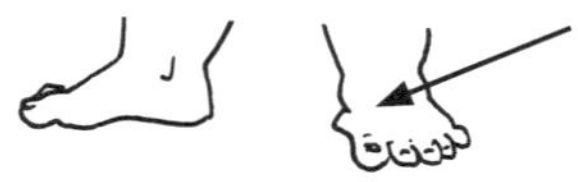

der ____
→ viele ____

das ____
→ viele ____

das ____
→ ____

das ____
→ ____

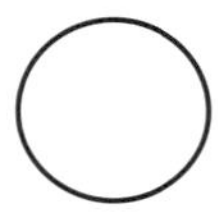

der ____
→ ____

Verbinde die Paare und setze „s“ oder „ß“ ein. Schreibe sie anschließend ins Heft.

die Bla__kapelle •	• böse
die Wei__heit •	• die Kerzen rußen
bo__haft •	• wir blasen
Ru__filter •	• viele Grüße
er sa__ vorne •	• weise
der Gru__ •	• wir saßen

4. Kapitel: Länge – Kürze, Doppelkonsonanz

Vorbemerkung

Ein überschaubares und bewährtes System für das Erkennen der Doppelkonsonanz besteht aus folgenden Schritten bzw. Einzelstrategien:

1. Klangvergleich in der zweisilbigen Form: „Heißt es beee-len oder bel-len?"
2. Verwandte Wörter aus der Wortfamilie suchen: bellt, Gebell, bellend, verbellt
3. Reimbildung: bellen – schellen – fällen
4. Einsilbige Wörter und Wörter, bei denen der Wortstamm innerhalb einer Silbe liegt, verlängern und die Doppelkonsonanz begründen: „bellt" kommt von „bel-len", „Gebell" kommt von „bel-len")

Die Kinder werden auf die Klangunterschiede bei zweisilbigen Wörtern aufmerksam, die an der Silbengrenze die Anordnung Vokal – Konsonant bzw. Doppelkonsonant – Vokal haben. Dies geschieht durch das übertriebene Sprechen in beide Richtungen: „Was klingt richtiger: haaa-ben oder hab-ben?"

Das deutliche Sprechen in Silben erleichtert die Wahrnehmung der Buchstaben an den Silbenenden. Oft kann der Ort, an dem der Buchstabe gebildet wird (Lippen, Gaumen, Rachen) erspürt werden. Geschlossene Silben werden beispielsweise durch die Zungenstellung (n, l, s, d, t, z), an der Glottis (k, g) oder durch die Lippenstellung (m, p, b, f) artikuliert. Letztere lassen sich dabei besonders gut beobachten, z. B. bei Ha<u>m</u>-mer oder Ha<u>p</u>-pen. Das „m" und „p" am ersten Silbenende wird jeweils durch die Lippenstellung deutlich sichtbar.

Ist die Doppelkonsonanz eines Wortes klanglich bestätigt, kann durch Reimbildung auf weitere Begriffe geschlossen werden, z. B. Wanne – Tanne – Kanne. Wörter ohne Doppelkonsonanz in der zweisilbigen Form reimen sich hingegen nicht gut auf diese Wörter, z. B. fahren reimt sich nicht gut auf Barren. Bei Aufgaben, die das Suchen von Reimwörtern als Auftrag haben, sollten Sie bei Wörtern mit „e" oder „ä" (Felle/Fälle) jedoch Vorsicht walten lassen.

Der dritte Schritt, die Doppelkonsonanz zu beherrschen, besteht im Suchen nach verwandten Wörtern (Stammprinzip). Besonders wichtig ist dieses Prinzip für die einsilbigen Wörter wie tol-len → tollt, schneller → schnell, Fel-le → Fell, oder umgekehrt: kann ← kön-nen, glatt ← glat-ter und Hass ← has-sen. Durch diese Strategie kann man Wörter mit Gleichklang trotzdem richtig schreiben, z.B. frisst – Frist, stellt – hält, kannte – Kante oder auch Chef – Treff.

Bei Wortfamilien mit einer Stammänderung wie bei Maß ← messen benötigt man gegebenenfalls eine Untersuchung der Vokallänge in der einsilbigen Form.

Die Kinder werden zunehmend ein „Doppelkonsonanzgefühl" entwickeln und den Umweg über die Verlängerung nicht mehr oder nur noch unbewusst gehen. Das ist durchaus gewünscht.

Es gibt auch Ausnahmen, die mit den Schülern separat betrachtet werden können: weibliche Wortendung „-in": die Gärtnerin – viele Gärtnerinnen, Nomenendung „-nis": Erkenntnis – Erkenntnisse sowie Einzelfälle wie Bus – Busse oder Stop auf einem Verkehrsschild. Merkwörter in diesem System sind beispielsweise dann, wann, denn, wenn.

Lehrplanbezug

- Doppelkonsonanz durch deutliches Sprechen hörbar machen
- Die Strategie des Klangvergleichs üben und verinnerlichen
- Wörter verlängern, um die Doppelkonsonanz mitsprechen zu können
- Die Verwendung von „tz" üben
- Die Verwendung von „ck" üben
- Zwischen „ss" und „ß" entscheiden
- Den Gebrauch von „das" und „dass" unterscheiden
- Die Verwendung des „ie" bewusst machen

Zu den Kopiervorlagen

KV Seite 52 – Wenn Krabben gut graben … und anderer Unsinn

Hier werden Klangprobe und Reimprinzip verknüpft, um die Zusammenhänge von Länge, Kürze und Doppelkonsonanz zu verdeutlichen. Konsonanten, die an der Silbengrenze zwischen zwei Vokalen stehen, werden in bestimmten Fällen verdoppelt. Der Vokal vor diesen Konsonanten klingt kurz, die Silbe wird sozusagen schnell geschlossen. Die Schüler können trainieren, das zu hören und zu spüren. Bei Buchstaben wie „b", „p" oder „m" können sie das nicht nur hören und spüren, sondern sogar im Spiegel sehen, weil sich die Lippen nach der ersten Silbe deutlich sichtbar verschließen: die Krab-ben, die Pup-pen, sie kom-men, schaf-fen. Stellen Sie kleine Handspiegel zur Verfügung. Die Kinder sollen dafür ein Gespür entwickeln, sodass sie auch darauf achten können, wenn sie keinen Spiegel zur Hand haben.

Bei offenen Silben mit lang klingenden Vokalen ist der Mund an der Silbengrenze geöffnet: sie gra-ben, sie hupen, sie ka-men, mit Scha-fen. Am besten hört, spürt oder sieht man diesen Klangunterschied im direkten Vergleich.

Lösung

Aufgabe 2:

Wenn Krabben gut graben,
die Affen gut schlafen.
Es gaffen die Grafen,
wenn Treffer sie trafen.

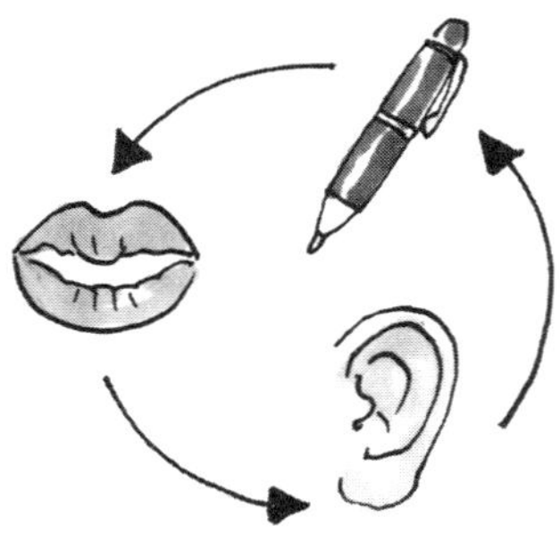

Aufgabe 3:

Paddelnde Pudel
buddeln nicht gern im Rudel.

Zwei graue Haare beharren
auf ihre irren Gitarren.

Reifer Roggen im Regen
kommt den Joggern gelegen.

Zehn Krümel von Kümmel
für lahmende Lümmel.

Weiterführende Anregungen

- Die Schüler können in Partnerarbeit ein Lippenlese-Ratespiel durchführen. Dafür artikulieren sie Übungswörter der Kopiervorlage deutlich aber lautlos. Der Partner versucht das Wort zu erraten.
- Folgende Minimalpaar-Sammlung können Sie für weitere Übungen, z. B. an der Tafel, verwenden: Plage – Flagge, Flüge – flügge, Luken – schlucken, Taler – Knaller, Fete – Fette, Pute – Kutte, malen – knallen, kamen – kämmen, Ofen – offen, Robe – Robbe, Krake – Krücke, Strapaze – Katze, Flöze – Sätze, brüten – schütten, schlafen – erschlaffen, spuken – spucken.

KV Seite 53 – Vertraue dem Klangvergleich

Die Schüler sollen den Nutzen der Klangprobe erfahren und diese gemeinsam üben. Nicht alle werden sie auf Anhieb selbstständig durchführen können. Suchen Sie passende Wörter aus, einige mit Schärfung, z. B. Mutter, schwimmen, Wasser, einige ohne, z. B. Bogen, Lüge, Namen. Versichern Sie den Kindern, dass die Wörter mit den offenen Silben alle ohne Dehnungsmarkierung sind. Die Kinder werden bei entsprechender Anleitung keinen Fehler machen.

Sie können für leistungsschwächere Kinder die Anfangsbuchstaben der Reimwörter vor dem Kopieren auf den Linien ergänzen.

Lösung

Aufgabe 1:

z. B. Brille – Stille – Wille, Hammer – Jammer – Kammer, Kanne – Wanne – Tanne, Tasse – Rasse – Kasse

Aufgabe 2:

fal-len – pral-len – hal-len – schal-len – knal-len – die Kral-len

ken-nen – nen-nen– pen-nen – tren-nen – ren-nen – bren-nen

Aufgabe 3:

beginnt ← beginnen, gewinnt ← gewinnen, rinnt ← rinnen, spinnt ← spinnen, verrinnt ← verrinnen, besinnt ← besinnen

Weiterführende Anregung

Lassen Sie weitere Reimwortketten für zweisilbige Wörter mit Doppelkonsonanz erstellen. Geben Sie einen Schwerpunkt vor, z. B. „Wörter mit tt". In einem zweiten Schritt werden zu jedem Reimwort verwandte Wörter gesucht und der Wortstamm markiert. Folgende Zusammenstellung kann dabei eine Hilfe sein:
Wortanfänge: b, bl, br, d, f, fr, fl, g, gr, gl, h, j, k, kl, kr, l, m, n, p, pl, pr, r, s, st, str, sp, spr, sch, schl, schr, t, tr, w, wr, z
Vokale/Umlaute: a, o, ö, u, ü, i
Wörter mit: ll, mm, nn, tt, pp, rr, bb (selten), gg (selten), ss (manchmal ß in der Wortfamilie), ck, tz
So können sie enden: en, eln, ern, e, er, el
Achten Sie auf Wörter, die mit „ä/e" geschrieben werden.

Aus kurz mach lang

KV Seite 54

Das Verlängern von Wörtern, um schwierige Stellen hörbar zu machen, ist heutzutage eine feste Größe im Rechtschreibunterricht. Diese Strategie sensibilisiert die Schüler dafür, dass die Wörter einer Wortfamilie angehören, die man „zu Rate“ ziehen kann, wenn es um die richtige Schreibung geht. Auch Erwachsene greifen intuitiv auf diese Möglichkeit zurück. Die Kinder werden selbstständig und sicher im Umgang mit der Rechtschreibung. Am wichtigsten ist jedoch, dass sie damit immer ein „Nachschlagewerk“ im Kopf haben. Die Kopiervorlage zeigt die Möglichkeiten bei den drei Wortarten Adjektive, Verben und Nomen. Es gibt allerdings Ausnahmen, bei denen das nicht geht, z. B. sie nimmt, Messbecher, Stopp, Spott. Suchen Sie für solche Fälle mit den Schülern andere Möglichkeiten, z. B. Messbecher: zusammengesetzt aus mes-sen und Becher, Stopp wie stop-pen, Spott wie spot-ten.

Lösung

Aufgabe 1:

dumm ← düm-mer, nass ← nas-ser/näs-ser, voll ← vol-ler, fett ← fet-ter, nett ← net-ter, dünn ← dün-ner, schnell ← schnel-ler, still ← stil-ler

Aufgabe 2:

er rollt ← rol-len, sie brummt ← brum-men, er knurrt ← knur-ren, sie kennt ← ken-nen, du rennst ← ren-nen, ihr schwimmt ← schwim-men, er bellt ← bel-len, es fällt ← fal-len

Aufgabe 3:

der Ball ← Bäl-le, das Fell ← Fel-le, der Tritt ← Trit-te, das Bett ← Bet-ten, der Schuss ← Schüs-se, der Kamm ← Käm-me, der Herr ← Her-ren, der Griff ← Grif-fe

Schwitzend in der Hitze sitzen

KV Seite 55

Nicht alle Wörter mit „z“ lassen sich durch den Klangvergleich eindeutig bestimmen. Beispielsweise wird Ka-pu-ze oft geschärft gesprochen, genauso spa-zie-ren. Beides sind typische Fehlerwörter. Meist reichen der Klangvergleich, die Reimwortbildung und die Wortfamilie jedoch aus, um die Schreibung sicher zu bestimmen.

Die Konsonantenhäufung durch das grammatische „t“, z. B. in „sitzt“, verdient besondere Beachtung. Reflektieren Sie mit den Kindern: Die du-Form erhält nicht wie üblich die Endung „-st“, sondern nur ein „-t“, also nicht „du sitz**st**“.

Lösung

Aufgabe 1:

Schwitzend in der Hitze sitzen,
Witze in die Bäume ritzen,
motzend über Plätze hetzen,
schwatzend es der Katze petzen:
Mützen haben kleine Schlitze,
nützen wenig gegen Blitze!

Aufgabe 2:

er spitzt ← spit-zen, du schnitzt ← schnit-zen, sie flitzt ← flit-zen, er schwitzt ← schwit-zen, er ritzt ← rit-zen, du spritzt ← sprit-zen, sie hetzt ← het-zen, er verletzt sich ← sich verlet-zen, du setzt dich ← sich set-zen, du putzt ← put-zen, sie verschmutzt ← verschmut-zen, er kratzt ← krat-zen, du schmatzt ← schmat-zen, es platzt ← plat-zen

Aufgabe 3:

schützen, beschützt, der Schutz,
schutzlos, der Beschützer, der Schütze,
das Geschütz, schützend

Leckeres Gebäck in der Socke versteckt

KV Seite 56

Das „ck“ ist die Doppelkonsonanz für das „k“. Auch hier greifen wieder der Klangvergleich, Reimwörter und die Wortfamilie. Weisen Sie die Schüler auf die Besonderheit der Trennung des „ck“ hin: Der Trennstrich wird entgegen der Sprechweise nicht zwischen das „c“ und das „k“ gesetzt, sondern vor das „ck“, z. B. Schne-cke, So-cke, ra-ckern.

Lösung

Aufgabe 1:

die Säcke, Hokus-Pokus, schlucken, die Schnake, das Becken, die Krücke, die Decke, der Krokus, die Locken, der Kleiderhaken

Aufgabe 2:
z.B. Rücken – drücken – bücken – Lücken / Mücken / pflücken
rucken – zucken – ducken – gucken / schlucken / jucken
Jacke – Backe – Macke – Zacke / Lacke / Hacke

Aufgabe 3:

die Bäckerei – das Gebäck – du backst
der Luftdruck – drücken – weggedrückt
der Wäschetrockner – getrocknet – trocken
eingedeckt – die Bettdecke – das Verdeck

Weiterführende Anregung
Regen Sie die Kinder dazu an, eine möglichst lange Reimwortkette mit „ck“ zu bilden. Diese Aufgabe eignet sich auch als Partner- oder Gruppenarbeit und kann als kleiner Wettbewerb durchgeführt werden. Wer findet die längste Kette?

KV Seite 57 **Massenhaft Spaß**
Die Entscheidung für „ss“ oder „ß“ ist im Bereich der Doppelkonsonanz das Problem mit der größten Fehlerhäufung. Der Klangvergleich, um die Länge oder Kürze des betonten Vokals festzustellen, ist der wichtigste Schritt: Ma-ße oder Mas-se, Fü-ße oder Küs-se? Dafür müssen die Schüler eine zweisilbige Form suchen. Als weiterer Hinweis gilt, dass nach Doppellauten wie „eu“, „au“, „äu“, „ei“ sowie nach „ie“ nie „ss“ steht, da diese lang klingen. Ob den lang klingenden Vokalen ein stimmloses „ß“ oder ein stimmhaftes „s“ folgt, muss jeweils im Klangvergleich der zweisilbigen Form entschieden werden. Das stimmhafte „s“ wird im süd- sowie norddeutschen Raum oft stimmlos, also hart artikuliert. Hier müssen die Wörter zum Teil als Merkwörter gelernt werden.

Lösung
Aufgabe 1:
die Kas-se, die Fü-ße, das Mes-ser, die Nüs-se, die Flö-ße

Aufgabe 2:
Wörter mit „ß“: der Fleiß, der Kloß, der Gruß, die Straße, süß, das Maß, der Strauß, heiß, der Stoß, groß, außen
Wörter mit „ss“: das Schloss, der Fluss, das Fass, der Kompass, der Kuss

Aufgabe 3:
er hasst ← has-sen, sie fasst ← fas-sen, es fließt ← flie-ßen, es gießt ← gie-ßen, er hieß ← hei-ßen, er spaßt ← spa-ßen, du küsst ← küs-sen

Weiterführende Anregung
Indem die Schüler die Begriffe der zweiten Aufgabe zusätzlich verlängern, können sie die Schreibung mit „s“ definitiv ausschließen.

KV Seite 58 **Ein negatives Experiment, aber sehr erfolgreich**
Neben der dieses/jenes/welches-Probe gibt es vertiefende Erklärungen zur Verwendung von „das“. Erfahrungsgemäß helfen diese aber nur stärkeren Schülern bzw. sollten dem Unterricht der weiterführenden Schulen vorbehalten bleiben: „das“ als Begleiter, Pronomen oder Relativpronomen. „Dass“ wird als Bindewort gebraucht und meist durch das Ausschlussverfahren bestimmt.

Lösung
(…) Das Thema, das alle beschäftigt, ist das gestohlene Handy von Frau Bertram. (…) und berichtet, dass das Handy der Lehrerin (…). „Das hat es noch nie gegeben“, entrüstet sich Frau Krage. Das bedeutet, dass alle Kinder der Klasse Gelegenheit hatten, unauffällig das Lehrerzimmer zu besuchen. „Ich kann mir nicht vorstellen, dass ein Kind aus unserer Klasse (…). Paul aus der Parallelklasse behauptet das Gegenteil. Das Opfer, das er sich ausgewählt hat, ist Alex. „Der gibt doch immer damit an, dass er so viel Taschengeld bekommt. Vielleicht ist das ja gar kein Taschengeld …“, (…) und faucht: „Das ist gemein, dass du einfach Alex verdächtigst.“ Martin überlegt, wie er beweisen kann, dass Alex unschuldig ist.

KV Seite 59 **Die Spürnasen kriechen**
Wörter mit „ie“ sind strategisch zugänglich, bleiben aber ein durchaus schwieriges Feld. Fehler mit „ie“ entstehen oft durch eine Übergeneralisierung. Das liegt zum einen an dem vor allem regional kaum unterscheidbaren „i“, z. B. in Birne, Kirsche und gib (kurz)

und dem „ie“, z. B. in riechen (lang). Zum anderen schreiben Kinder „dierekt“ und „Sierene“, weil sie die richtige Betonung des Wortes nicht bewältigen können. Im Grunde müsste also die Wahrnehmung dafür trainiert werden, ob die Silbe mit dem langen „i“ auch wirklich eine betonte Silbe ist. Direkt und Sirene können nicht mit „ie“ geschrieben werden, weil die Betonung hier auf der zweiten Silbe liegt. Hier hilft also wieder der Klangvergleich: „Heißt es direkt oder direkt?“ Trotzdem bleiben Ausnahmen mit langem „i“, die als Merkwörter gelernt werden müssen, z. B. Maschine, Minus oder Tiger (siehe KV Seite 68) bzw. die wenigen ih-Varianten wie ihnen, ihr, ihn und ihm.

Für den Einstieg mit den Minimalpaaren empfehle ich als Vorbereitung: riechen – verblichen, Bienen – innen und Brief – Schiff. Welche Wörter mit „ie“ kennen die Kinder? Die Sammelaufgabe kann mit einem Klangvergleich abgeschlossen werden: Es heißt Die-be und nicht Dib-be.

Hinweis: Die Kinder werden herausfinden, dass sich Wörter mit langem „i“ gut reimen: Diebe – Liebe – schriebe. Aber Vorsicht: Bier – hier – Tier – wir oder Bienen – Maschinen – ihnen. Gerade auf „-ine/-inen“ enden viele Merkwörter mit unmarkiertem langem „i“.

Leistungsschwächeren Kindern können Sie vor dem Kopieren bei der zweiten Aufgabe die Anfangsbuchstaben der Rätselwörter vorgeben.

Lösung

Aufgabe 1:

die Mitte – die Miete: Der Schuppen steht in der Mitte eines verwilderten Gartens. Für ihren Bandentreff zahlen die Spürnasen keine Miete.

schlichen – kriechen: Früher schlichen sie immer mit klopfendem Herzen durch den Haupteingang. Heute kriechen sie durch ein Loch im Zaun in den Garten.

bieten – bitten: Martin und Lisa bieten Pascal ihre Hilfe bei Mathematik an. Pascal muss sie gar nicht lange bitten.

schielen – schillernde: Pascal hat eine schillernde Fantasie. Heute behauptet er, wenn er Pfefferminzbonbons lutsche, müsse er schielen.

gewinnen – bedienen: Lisa und Martin wetten mit Pascal. Wenn sie die Wette gewinnen, muss Pascal sie einen Tag lang bedienen.

Aufgabe 2:

Stiefel, gierig, Dachziegel, niedlich, friedlich, Blumenzwiebel, riesig, Küchensieb, Besenstiel, niedrig, tief

Weiterführende Anregung

Die Kinder suchen entsprechende Wörter aus dem Wörterbuch heraus. Für diese Sammelaufgabe kann auch die Kopiervorlage Seite 60 verwendet werden, z. B.:

Verben: verbieten, lieben, schrieben, niesen, kriegen …
Adjektive/Adverbien: liebe, niedliche, neugierige, miese, geschiedene, ziemlich …
Nomen: Riesen, Lieder, Fliegen, Ziele, Diesel …
sonstige Wörter: die, diese, wie, sie, nie, viele, wieso, diesmal …

Mit den Wörtern bilden die Schüler Unsinnssätze, z. B. „Diese sieben Bienen fliegen lieber über fiebernde Diebe als über miese Riesen.“ Sie können sie aus dem Gedächtnis fehlerfrei aufschreiben. Wer schafft es, eine Woche lang seinen Satz ganz ohne Fehler aus dem Gedächtnis aufzuschreiben?

KV Seite 60

Spielen mit „ie“

Besondere Aufmerksamkeit verdienen Verben mit „ie“. Hier findet sich eine besonders große Anzahl von ie-Vertretern. Bei den Zeitformen gibt es typische Ableitungen, z. B. schreiben – schrieben, bleiben – blieben. Nicht zuletzt gibt es weit über hundert Wörter mit der Endung „-ieren“. Das Spiel eignet sich für Gruppen bis drei Kinder. Es kann auch allein gespielt werden. Dann sollten Sie die Ergebnisse kontrollieren.

Beispiellösung

⚀: schreiben, rufen, treiben, meiden, scheiden, heißen, lassen, steigen

⚁: Diener, Sieb, Garantie, Spiel, Ziel, Spiegel, Liege, Flug

⚂: verreiben, abreiben – vermieten – verriegeln, abriegeln, entriegeln – verkriechen – verschließen, abschließen, entschließen – abfließen – verstoßen, vorstoßen, abstoßen – verschreiben, vorschreiben, abschreiben

⚃: siegreich, lieblich, biegsam, schweigsam, riechbar, ratsam, schmierig, scheinbar

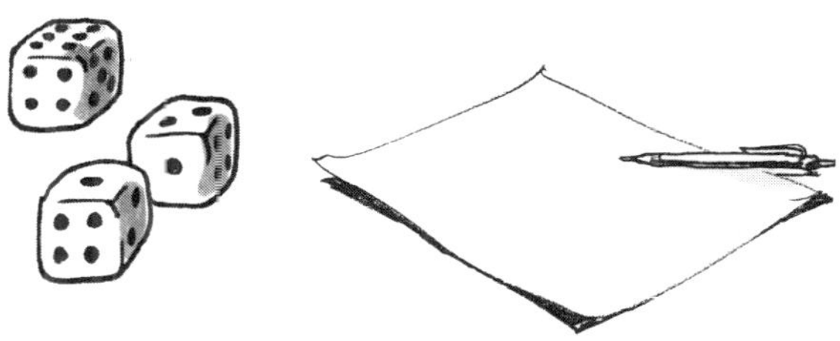

Name:

Wenn Krabben gut graben ... und anderer Unsinn

Sprich die folgenden Wortpaare deutlich in Silben.
Beobachte deine Mundbewegung dabei im Spiegel.

die Krab-ben
sie gra-ben

die Stop-peln
der Sta-pel

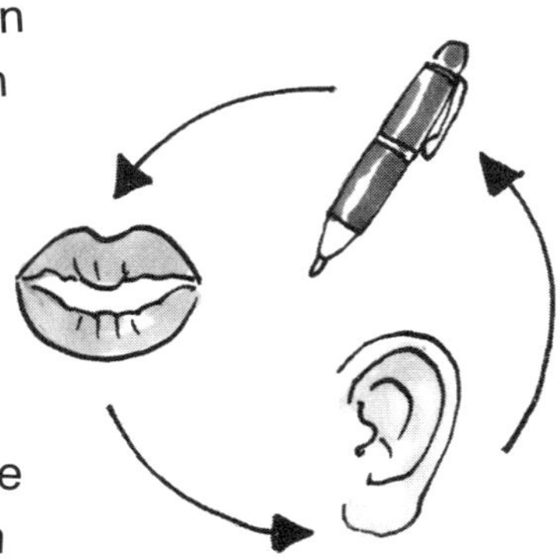

die Käm-me
sie ka-men

etwas schaf-fen
mit vielen Scha-fen

Konsonanten (Mitlaute), die im Wortinneren nach einem Vokal (Selbstlaut) stehen, werden manchmal verdoppelt. Du kannst das hören, spüren und sogar im Spiegel sehen.

Übe den Klangvergleich. Entscheide dann, ob der angezeigte Buchstabe verdoppelt werden muss oder nicht.

b oder bb?
Wenn Kra__en gut gra__en,

Heißt es die Kraaaa-ben oder die Krab-ben?
Heißt es sie graaaa-ben oder sie grab-ben?

f oder ff?
die A__en gut schla__en.

Heißt es die AAAA-fen oder die Af-fen?
Heißt es sie schlaaaa-fen oder sie schlaf-fen?

f oder ff?
Es ga__en die Gra__en,

Heißt es sie gaaaa-fen oder sie gaf-fen?
Heißt es die Graaaa-fen oder die Graf-fen?

f oder ff?
wenn Tre__er sie tra__en.

Heißt es die Treeee-fer oder die Tref-fer?
Heißt es sie traaaa-fen oder sie traf-fen?

Mache den Klangvergleich nun selbstständig und setze die Buchstaben passend ein.

d oder dd? Pa__elnde Pu__el
d oder dd? bu__eln nicht gern im Ru__el.

g oder gg? Reifer Ro__en im Re__en
g oder gg? kommt den Jo__ern gele__en.

r oder rr? Zwei graue Haa__e beha__en
r oder rr? auf ihre i__en Gita__en.

m oder mm? Zehn Krü__el von Kü__el
m oder mm? für lah__ende Lü__el.

Name:

Vertraue dem Klangvergleich

Schreibe die Wörter zu den Bildern. Mache zuvor den Klangvergleich. Bei einigen verdoppelt sich der Laut in der Mitte. Ergänze hier jeweils zwei Reimwörter.

Bilde Reimwortketten.

fal-len – pr____ – h____ – sch____ – kn____ – die Kr____

ken-nen – n____ – p____ – tr____ – r____ – br____

Lies die Reimwörter. Leider kannst du den Doppellaut nicht einzeln hören. Suche die Grundform des Verbs (Tunworts). Mache dann den Klangvergleich.

beginnt ← beginnen

spinnt ← ____

gewinnt ← ____

verrinnt ← ____

rinnt ← ____

besinnt ← ____

Name:

Aus kurz mach lang

Nicht immer kann man die doppelten Konsonanten (Mitlaute) einzeln hören. Dann gibt es einen Trick.

Für Adjektive (Wiewörter): Steigere das Wort, um doppelte Konsonanten hörbar zu machen: z. B. hell ← hel-ler

dumm	← ______	nett	← ______
nass	← ______	dünn	← ______
voll	← ______	schnell	← ______
fett	← ______	still	← ______

Für Verben (Tunwörter): Bilde die Grundform, um doppelte Konsonanten hörbar zu machen: z. B. kläfft ← kläf-fen

er rollt	← ______	du rennst	← ______
sie brummt	← ______	ihr schwimmt	← ______
er knurrt	← ______	er bellt	← ______
sie kennt	← ______	es fällt	← ______

Für Nomen (Namenwörter): Bilde die Mehrzahl, um doppelte Konsonanten hörbar zu machen: z. B. der Stamm ← Stäm-me

der Ball	← ______	der Herr	← ______
das Fell	← ______	der Griff	← ______
der Tritt	← ______		
das Bett	← ______		
der Schuss	← ______		
der Kamm	← ______		

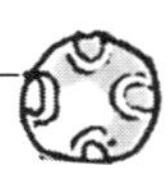

Name:

Schwitzend in der Hitze sitzen

„zz“ gibt es nur in seltenen Fremdwörtern.

Die Dopplung beim „z“ st anders, aber deswegen nicht schwieriger. Man schreibt für die Verdopplung „tz“, z. B. K**a**t-**z**e, s**i**t-**z**en, M**ü**t-**z**e.

Kann der Zeichner mal eine Skizze von der Merkwort-Razzia in der Pizzeria machen? Mir fehlt noch ein Puzzleteil zur Lösung des Falls.

Spure das „tz“ in den Wörtern nach und ergänze.

Schwitzend in der Hitze sitzen,
Wi___e in die Bäume ri___en,

motzend über Plätze hetzen,
schwa___end es der Ka___e pe___en:

Mützen haben kleine Schlitze,
nü___en wenig gegen Bli___e!

Übe das Ableiten bei schwierigen Personalformen – echte Zungenverfutzler!

er spitzt	← spit-zen	er __________ sich	←	sich verlet-zen
du __________	← schnit-zen	du __________ dich	←	sich set-zen
sie __________	← flit-zen	du __________	←	put-zen
er __________	← schwit-zen	sie __________	←	verschmut-zen
er __________	← rit-zen	er __________	←	krat-zen
du __________	← sprit-zen	du __________	←	schmat-zen
sie __________	← het-zen	es __________	←	plat-zen

Erinnere dich beim Schreiben immer an Wortverwandtschaften. Markiere in der folgenden Wortfamilie den gemeinsamen Wortstamm.

schützen   beschützt   der Schutz   schutzlos

der Beschützer   der Schütze   das Geschütz   schützend

Name:

Leckeres Gebäck in der Socke versteckt

Die Dopplung beim „k“ ist anders, aber deswegen nicht schwieriger.
Man schreibt für die Verdopplung „ck“, z. B. Fle**ck**en, So**ck**e, fla**ck**ern.

Mache den Klangvergleich und entscheide dich für „k“ oder „ck“.

die Sä___e   Hokus-Pokus   schlu___en   die Schna___e   das Be___en

die Krü___e   die De___e   der Kro___us   die Lo___en   der Kleiderha___en

„kk“ gibt es nur selten.

Immer drei Wörter reimen sich. Schreibe sie nebeneinander und finde jeweils ein viertes Reimwort.

Rücken   rucken   zucken   Jacke   drücken

bücken   Backe   ducken   Macke

____

____

____

Immer drei Wörter gehören zu einer Wortfamilie. Markiere die Wortstämme mit verschiedenen Farben.

die Bäckerei   der Luftdruck   der Wäschetrockner   eingedeckt

drücken   getrocknet   das Gebäck   du backst

die Bettdecke   das Verdeck   weggedrückt   trocken

Name:

Massenhaft Spaß

Mache den Klangvergleich und entscheide dich für „ß" wie in Grü-ße oder „ss" wie in fas-sen.

	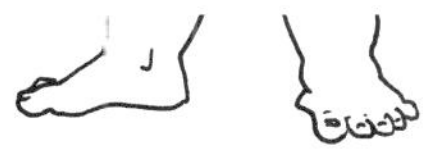			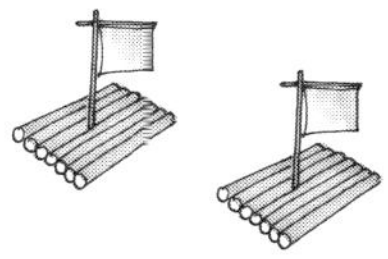
die K___	die F___	das M___	die N___	die F___

Mache den Klangvergleich:
Nach kurzem Vokal (a, e, i, o, u) oder Umlaut (ä, ö, ü) folgt „ss" → Wasser.
Nach langem Vokal, Umlaut oder Zwielaut (eu, au, äu, ei oder ie) folgt „ß" oder „s" → Gruß, Nase.
Vergleiche: Füße → Fuß, Nüsse → Nuss

Sprich die Wörter und setze das Länge- (—) oder Kürzezeichen (•) unter die Vokale. Trage dann „ß" oder „ss" ein.

der Fleiß — der Klo___ — der Gru___ — das Schlo___ — die Stra___e

sü___ — der Flu___ — das Ma___ — der Strau___ — das Fa___ — hei___

der Kompa___ — der Ku___ — der Sto___ — gro___ — au___en

Wörter mit „ß": ____________________

____

Wörter mit „ss": ____________________

____

Suche die zweisilbige Form. Sprich in Silben und entscheide dich für „ß" oder „ss".

er ha___t — sie fa___t — es flie___t — es gie___t

er hie___ — er spa___t — du kü___t

Name:

Ein negatives Experiment, aber sehr erfolgreich

Ein Buch, das [welches] Martin ausleihen möchte, wurde leider noch nicht zurückgegeben.

Das [Dieses] Buch ist die Nr. 10 aus der Serie „Das Detektiv-Duo“.

„Es ist das einzige, das [welches] mir noch fehlt“, jammert Martin.

Frau Bertram meint, dass Martin sich gedulden muss.

Dieses Buch möchte Martin lesen. → **das**

Es ist das Buch, **welches** seine Mutter ihm geschenkt hat. → **das**

Er freut sich schon darauf, **jenes** Buch zu lesen. → **das**

Er erzählt, ~~**dieses / jenes / welches**~~ es sehr spannend ist. → dass

Entscheide: das oder dass? Trage ein.

In der Schule ist die Unruhe groß. Das Thema, ________ alle beschäftigt, ist ________ gestohlene Handy von Frau Bertram. Die Schulleiterin Frau Krage hat alle Klassen besucht und berichtet, ________ ________ Handy der Lehrerin während der 3. und 4. Stunde aus dem Lehrerzimmer entwendet wurde. „________ hat es noch nie gegeben“, entrüstet sich Frau Krage. Die 4 b hatte in der Zeit Büchereiausleihe. ________ bedeutet, ________ alle Kinder der Klasse Gelegenheit hatten, unauffällig ________ Lehrerzimmer zu besuchen. „Ich kann mir nicht vorstellen, ________ ein Kind aus unserer Klasse so etwas macht“, meint Martin. Paul aus der Parallelklasse behauptet ________ Gegenteil. ________ Opfer, ________ er sich ausgewählt hat, ist Alex. „Der gibt doch immer damit an, ________ er so viel Taschengeld bekommt. Vielleicht ist ________ ja gar kein Taschengeld …“, tönt er. Lisa nimmt Alex in Schutz und faucht: „________ ist gemein, ________ du einfach Alex verdächtigst.“ Martin überlegt, wie er beweisen kann, ________ Alex unschuldig ist.

Name:

Die Spürnasen kriechen

Vergleiche die Wortpaare. In einem Wort klingt das „i“ in der betonten Silbe kurz: Schreibe „i“. In dem anderen klingt es lang: Schreibe „ie“. Setze passend ein.

Für das lang klingende *iiiiiii* in einer betonten Silbe wird meist „ie“ geschrieben.

die M___tte – die M___te: Der Schuppen steht in der ____________ eines verwilderten Gartens. Für ihren Bandentreff zahlen die Spürnasen keine ____________.

schl___chen – kr___chen: Früher ____________ sie immer mit klopfendem Herzen durch den Haupteingang. Heute ____________ sie durch ein Loch im Zaun in den Garten.

b___ten – b___tten: Martin und Lisa ____________ Pascal ihre Hilfe bei Mathematik an. Pascal muss sie gar nicht lange ____________.

sch___len – sch___llernde: Pascal hat eine ____________ Fantasie. Heute behauptet er, wenn er Pfefferminzbonbons lutsche, müsse er ____________.

gew___nnen – bed___nen: Lisa und Martin wetten mit Pascal. Wenn sie die Wette ____________, muss Pascal sie einen Tag lang ____________.

Finde die Rätselwörter. Sie enthalten alle ein „ie“. Kontrolliere mit dem Wörterbuch.

 die ____________	Jemand, der immer mehr haben will, ist es: ____________	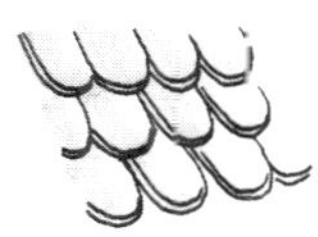 Dach ____________	Tierjunge und Babys sind es: ____________
das Gegenteil von kriegerisch: ____________	 Blumen ____________	sehr, sehr groß: ____________	 Küchen ____________
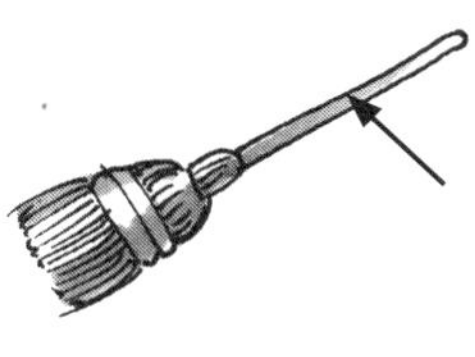 Besen ____________	Eine Mauer, die nicht hoch ist, ist ____________.	„Spring nicht vom Beckenrand, hier ist das Wasser nicht sehr ____________.“	

Spielen mit „ie“

Das „ie“ kommt in vielen Verben (Tunwörtern) vor, manchmal schon in der Grundform, manchmal in verschiedenen Vergangenheitsformen.

Spielt das ie-Spiel.

für einen bis drei Spieler

Ihr braucht:
- einen Würfel
- Blatt und Stift

So geht's:
1. Legt fest, wie viele Runden ihr spielen wollt. Was muss der Spieler tun, der eine Aufgabe nicht lösen kann? Entscheidet gemeinsam.
2. Der Schüler, der am wenigsten wiegt, beginnt.
3. Er würfelt und liest die Aufgabe dieser Augenzahl laut vor. Die Mitspieler wählen ein Verb aus der entsprechenden Spalte aus.
3. Der Spieler, der gewürfelt hat, löst seine Aufgabe.

Tipp: Wenn du das Spiel allein spielst, dann spiele mindestens fünf Runden. Schreibe deine Ergebnisse auf und lege sie deinem Lehrer oder deiner Lehrerin zur Kontrolle vor.

⚀	⚁	⚂	⚃	⚄	⚅
schrieben	dienen	rieben	siegen	schielen	gießen
riefen	sieben	mieten	lieben	blieben	schliefen
trieben	garantieren	riegeln	biegen	schieben	ziehen
mieden	spielen	kriechen	schwiegen	bieten	triefen
schieden	zielen	schließen	riechen	fliehen	striegeln
hießen	spiegeln	fließen	rieten	wiegen	sprießen
ließen	liegen	stießen	schmieren	fielen	niesen
stiegen	fliegen	schrieben	schienen	priesen	bliesen
					sortieren

⚀ Finde zu der Verbform die Grundform, z. B. *schrieben → schreiben*.

⚁ Leite aus diesem Verb ein Nomen (Namenwort) ab, z. B. *lieben → die Liebe*.

⚂ Ergänze das Verb in der Grundform nach Möglichkeit mit den Vorsilben „ver-“, „vor-“, „ab-“ und „ent-“, z. B. *verreiben, abreiben*.

⚃ Verwandle das Verb in der Grundform mithilfe der Nachsilben „-sam“, „-reich“, „-lich“, „-ig“ oder „-bar“ in ein Adjektiv (Wiewort), z. B. *siegreich*.

⚄ Bilde mit dem Verb einen Satz mit „du“, z. B. *Du riechst heute besonders gut*.

⚅ Stelle das Verb pantomimisch dar.

5. Kapitel: Merkwörter

Vorbemerkung

Als Merkwörter werden hier all jene Wörter bezeichnet, die mindestens eine rechtschriftliche Stolperstelle haben, die die Kinder sich nicht (oder noch nicht) über eine andere Strategie als das bloße Einprägen aneignen können. Merkwörter sind in diesem rechtschriftlichen System die Ausnahme von der Regel. Es gibt zwar auch bei diesen Ausnahmen Muster und Wahrscheinlichkeiten, die man in Form von Regeln wiedergeben könnte, aber erfahrungsgemäß lernen Kinder die Wörter dadurch nicht leichter. Wussten Sie beispielsweise, dass Wörter, die mit „sch“, „sp“, „kr“ oder „qu“ anfangen, nie ein Dehnungs-h erhalten? Sie wissen das, wahrscheinlich intuitiv. Darum würden Sie ein Fantasiewort wie „quoben“ nie „quohben“ schreiben. Auch die Kinder werden diese Intuition entwickeln. Es gibt vier Möglichkeiten, diese Intuition sicher zu entwickeln und dabei Transfer- und Memoeffekte zu nutzen: 1. Leseförderung, 2. in der Wortschatzarbeit Phänomene an Modellwörtern einführen, 3. Phänomene je nach Verbreitung in Wortlisten oder rechtschriftlichen Schwerpunkttexten zu Gruppen zusammenstellen und im Verbund üben, 4. Wortfamilienarbeit.

Lehrplanbezug

- Auf Merkstellen in Wörtern achten
- Wörter mit besonderen Schreibweisen nach Phänomenen zusammenstellen
- Wörter mit „V/v“ üben
- Wörter mit Dehnungs-h üben
- Beziehungen zur Wortfamilie herstellen
- Wörter mit lang klingendem „i“ ohne Dehnungsmarkierung lernen
- Wörter mit „x“ lernen
- Wörter mit Doppelvokal üben: „aa“ – „ee“
- Bedeutungsunterschied von paar und Paar kennenlernen
- Merkwörter mit „ä“ üben
- Wörter mit „Qu/qu“ lernen
- Wörter mit „chs“ lernen
- Wörter mit „ai“ lernen

Zu den Kopiervorlagen

KV Seite 66

Weiche Vampire und harte Vögel

Wörter, die am Anfang wie ein „f“ bzw. wie ein „w“ klingen, werden in der Regel auch mit diesen Buchstaben geschrieben. Wörter mit „v“ bilden hierzu eine Ausnahme. Die meisten Wörter, die mit „v“ beginnen, haben die Vorsilben „vor-“ bzw. „ver-“. Diese Wörter kann man als Nachdenkwörter durch die morphematische Strategie erfassen. Die verbleibenden Wörter mit „v“ am Wortanfang sind Merkwörter, die man lernen muss. Sie sind recht überschaubar. Zu den häufigen Wörtern dieser Gruppe gehören vor, von, viele und vielleicht. Wörter mit dem stimmhaften „v“ wie bei Vampir sind zum Großteil spezielle Fach- und Fremdwörter wie variabel, Virus, Venus, Vene oder vulgär. Für Grundschulkinder bedeutsam und deshalb zu lernen sind zwischen 15 und 20 Wörter.

Lösung

Aufgabe 1:

Vampir-Gruppe: das Video, der Volleyball, die Veranda, violett

weitere: z. B. der Vegetarier, der Vokal, der Ventilator, die Vokabel

Vogel-Gruppe: das Vieh, voll, der Vater, das Volk

weitere: z. B. der Vers, vier, das Veilchen, der Vetter

Aufgabe 2:

1. Villa
2. Violine
3. Verb
4. Ventil
5. Vanille
6. Vitamine
7. Vase
8. Vulkan

Weiterführende Anregungen

- Die Kinder erfinden zu den Nomen der Vogel-Gruppe eigene Rätsel und verwenden sie im Partnerdiktat: Es ist eine Blumenart (das Veilchen).
- Profis können Wörter mit einem stimmhaften „v“ im Wort suchen: Konserve, konservieren, observieren, servieren, Service, Evakuierung, Reserve, reservieren, Advent, bravc, dividieren, eventuell, Pulver, Klavier, Kuvert, nervös, Manöver, November, Revier, Revolver, renovieren.
  Oder Wörter mit einem stimmlosen „v“: brav, Genitiv, evangelisch.

KV Seite 67

Der Wichtigtuer

Das sogenannte Dehnungs-h trägt den Namen nicht immer zu Recht. Das „a" in Schwan klingt genauso lang wie das „a" in Rahm. 80 % der Langvokale haben kein nachstehendes „h". Für das stumme Vokal-h wird hier deshalb der Ausdruck Wichtigtuer-h verwendet. Diese etwas ungewöhnliche Bezeichnung trifft den Nagel auf den Kopf: Das Dehnungs-h ist nämlich in den meisten Fällen funktionslos und nur ein lieb gewonnenes Relikt aus der Sprachgeschichte. Es macht sich eben noch ein bisschen wichtig. In Fällen wie wahr – war oder Sohle – Sole hat es allerdings die Funktion, den semantischen Unterschied anzuzeigen, und ist durchaus berechtigt. Didaktisch kann man die Merkwörter mit dem Dehnungs-h von Wörtern wie Naht oder brüht unterscheiden. Hier lässt sich das „h" über eine zweisilbige Ableitung zum Klingen bringen: Naht ← nä-hen, brüht ← brü-hen.

Der Text soll als Impuls dienen, Wörter mit dem Wichtigtuer-h zu sammeln. Die Kinder werden auch Nachdenkwörter mit „h" finden: steht ← ste-hen, geht ← ge-hen, Nahkampfausbildung ← na-he. Diese werden nicht markiert.

Vertiefend kann bei den Wörtern in der Tabelle der Wortstamm markiert werden. Die Schüler werden feststellen, dass manche Wörter den gleichen Wortstamm haben und daher miteinander verwandt sind. Sie können mithilfe des Morphematicus' (siehe KV Seite 26/27) nach weiteren Familienmitgliedern suchen und diese in Sätzen verwenden.

Weiterführende Anregung

Die Klasse sucht im Wörterbuch weitere Begriffe mit diesem Rechtschreibphänomen. Dabei kann arbeitsteilig vorgegangen werden.

Lösung

Aufgabe 1:

gewohnt, ihm, Ahnung, erzählt, zehnten, Fahndung, festnehmen, empfiehlt, ihn, sehr, gefährlich, stöhnend, Stuhl, Zahnschmerzen, Wahnsinn, gedehnt, mehrmals, erwähnt, gewöhnlich, Einfahrt, Nahrungsmittel, Möhren, Blumenkohl, wohne, Parkuhren, wohl, Parkgebühren, wahrscheinlich, Fahrt, kehrt, geht, nehme, gewehrt, rührt, prahlt, Lebensgefahr, Rahmen, ermahnt, zahlreiche, Gefahr, gelohnt

Aufgabe 2:

-ah-: Ahnung, erzählt, Fahndung, gefährlich, Zahnschmerzen, Wahnsinn, erwähnt, Einfahrt, Nahrungsmittel, wahrscheinlich, Fahrt, prahlt, Lebensgefahr, Rahmen, ermahnt, zahlreiche, Gefahr
-eh-: zehnten, festnehmen, sehr, gedehnt, mehrmals, kehrt, geht, nehme, gewehrt
-oh-: gewohnt, stöhnend, gewöhnlich, Möhren, Blumenkohl, wohne, wohl, gelohnt
-uh-: Stuhl, Parkuhren, Parkgebühren, rührt

Folgende Wörter lassen sich nicht einordnen: ihm, empfiehlt, ihn

KV Seite 68

Wo ist nur meine Kusine?

Wörter mit dem unmarkierten langen „i" in der betonten Silbe gehören zu denen, die Kinder im Laufe ihrer Rechtschreibentwicklung zuerst richtig und dann – aus einem intelligenten Zweifel heraus – teilweise eine Zeit lang falsch schreiben, nämlich mit „ie". Sie sind die Ausnahme von der Regel (20 % zu 80 %) und lassen sich als Merkwörter gut im Verbund üben. Häufig sind sie Fremdwörter und viele sind dem Französischen entlehnt.

Die Kinder lesen alle Wörter und klären gegebenenfalls die Wortbedeutung. Sie betonen bei einzelnen Wörtern unterschiedliche Silben, um ein Gefühl für betonte Silben zu bekommen.

Lösung

Aufgabe 1:

Detektiv, Nilpferd, Schi/Ski, Krokodil, Igel, Bikini, Lokomotive, Biber

Aufgabe 2:

1. Kamin, 2. Musik, 3. Klinik, 4. Praline, 5. Brise, 6. Bibel, 7. Klima, 8. Fibel, 9. Kilogramm, 10. Minus, 11. Tiger

Lösung: Lina steckt in der UMKLEIDEKABINE.

Weiterführende Anregungen

- Die Kinder suchen weitere Wörter mit langem „i". Sie setzen die Nomen zusammen und bilden witzige Wortkreationen, z. B. Mandarinenlawine, Tigerkantine.
- Die Kinder schreiben einen kurzen Text, in dem sie möglichst viele der Merkwörter verwenden.

KV Seite 69

Ein Fax von der Ex

Die Schreibweise mit „x" ist eine von fünf möglichen Schreibweisen für den „ks-Laut": Keks,

Fax, Echse, Klecks, des Wegs. Zum Einstieg sammeln die Kinder mithilfe des Wörterbuchs ihre eigenen x-Wörter. Auf der Kopiervorlage sind nahezu alle Wörter aus einem Grundschulwörterbuch versammelt und nur wenige fehlen, z. B. Haxe, lax, X-Beine, Taxi, Examen, verflixt, Boxer oder kraxeln.

Lösung

E	X	P	E	D	I	T	I	O	N	N	A
X	K	L	O	T	R	O	N	Z	F	U	N
P	S	T	P	A	S	X	S	R	E	V	E
E	X	P	L	O	S	I	O	N	X	A	X
R	E	T	E	X	T	I	L	I	E	N	P
T	R	K	L	E	X	I	K	O	N	C	E
I	H	E	H	R	O	S	D	W	Z	Ö	R
N	I	X	E	Q	Y	L	V	R	E	Ä	I
P	R	A	X	I	S	U	M	I	X	R	M
U	T	K	E	V	W	X	L	O	T	R	E
S	U	T	E	X	T	U	M	S	R	I	N
M	I	X	E	R	O	S	Y	G	A	X	T

Fremdwort für Forschungsreise: Expedition
Sagenhaftes Meereswesen: Nixe
Fällt Bäume mit drei Buchstaben: Axt
Ganz genau: exakt
Das wird gelesen: Text
Fachfrau: Expertin
Kluges Buch: Lexikon
Ist einen Versuch wert: Experiment
Reichtum, Überfluss: Luxus
Märchenhafte Besenreiterin: Hexe
Gemischtes Durcheinander: Mix
Ganz besonders: extra
Genähte Stoffe: Textilien
Knall! Bumm! Peng!: Explosion
Dort besucht man den Arzt: Praxis
Macht alles klitzeklein: Mixer

KV Seite 70

a und a – ein schönes Paar

Zu Beginn des Themas kann eine Suchaufgabe stehen. Die Kinder tragen zusammen, welche Wörter sie mit „aa“ kennen. Stellen Sie heraus: Diese Art, einen lang klingenden Vokal zu markieren, ist sehr selten. Man kann diese Wörter als Merkwörter gut lernen.

Vielleicht gibt es dabei schon Gelegenheit, die Unterscheidung von paar – Paar aufzugreifen und mit Beispielen zu belegen. Einige Wortbedeutungen müssen gegebenenfalls vorab geklärt werden.

Lösung

Aufgabe 1:

die genaue Waage, die verkümmerte Saat, der glitschige Aal, das blonde Haar, das stinkende Aas, die alte Kaiserstadt Aachen, der erleuchtete Saal, das verheiratete Paar, der demokratische Staat, das kleine Bundesland Saarland und seine Hauptstadt Saarbrücken

Aufgabe 2:

Wenn ein Paar heiraten möchte, muss es ein paar Dinge beachten. Zunächst muss das Paar auf dem Standesamt ein paar Formulare unterschreiben. Ein Paar Ringe sollte bereitliegen und natürlich zwei Paar geputzter Schuhe bereitstehen. Die Braut wünscht sich eine Kutsche, die von zwei Paar Pferden gezogen wird. Die Hochzeitsgäste bereiten ein paar Überraschungen für das Paar vor: ein paar Reiskörner werfen, hunderte Herzluftballons steigen lassen und das Paar hochleben lassen.

KV Seite 71

Es krakeelen e und e – doofe Idee

Die Längenmarkierung durch Doppelvokale beschränkt sich auf eine überschaubare Anzahl von Wörtern. Viele davon sind Teil des Grundwortschatzes in der Grundschule und den Kindern geläufig, z. B. Schnee, See, Tee, Meer, Leere, Gelee, Speer, Moschee, Idee, Seele, Heer, Klee, Fee, Teer. Wörter mit „oo“ sind noch seltener und stammen teilweise aus dem Englischen, z. B. Shampoo, Swimmingpool. Die Beschäftigung mit englischen Wörtern wird die Schüler zusätzlich motivieren.

Lösung

Aufgabe 1:

S	C	H	N	E	E	U	P	A	T	T	E	E
A	B	R	E	T	G	L	L	L	S	R	E	V
E	K	B	E	E	T	A	E	L	A	I	S	B
L	I	K	S	P	S	D	B	E	E	R	E	E
E	O	M	E	E	R	W	S	E	K	Q	E	L

der bittere Tee – das Teeservice, der pulvrige Schnee – der Schneefall, das brausende Meer – die Meer*es*forscherin, die unreife Beere – die Erdbeere, die kurvenreiche Allee – der Alleebaum, das geharkte Beet – das Blumenbeet

Aufgabe 2:

deutsche Aussprache	englische Aussprache
Zoo	Shampoo
Moor	Swimmingpool
Moos	cool
doof	Looping
Boot	Moonboots

KV Seite 72

Schreib bloß keinen Quatsch!

Wörter mit „Qu/qu“ unterscheiden sich im Grunde nicht von anderen Mitsprechwörtern mit Buchstabenverbindungen wie „sch“, „ch“, „sp“ oder „st“. Wegen ihrer geringen Zahl und ihres seltenen Auftretens sind Schüler jedoch häufig unsicher.

Die Kinder müssen die Wörter durch probierendes Lesen richtig zusammensetzen. Heißt es Quatschung, Quetschung oder Quitschung?

Vertiefend können verschiedene kleine Sprachspiele mit den Wörtern im Sprachunterricht eingebaut werden. Geben Sie z. B. die Wörter in Geheimschrift an der Tafel vor und lassen Sie die Schüler sie richtig aufschreiben oder lassen Sie die Schüler mit den qu-Wörtern des Arbeitsblattes lustige Sätze bauen: Wer kann die meisten qu-Wörter in einem Satz unterbringen? … Wichtig ist, dass die Schüler die Wörter in verschiedenen Zusammenhängen immer wieder schreiben.

Lösung

Aufgabe 1:
Quetschung, Quadrat, Qual, Quirl, Qualität, Quelle, Qualle, Qualm, Quark, Quittung

Aufgabe 2:
quaken, quietschen, quetschen, quittieren, quatschen, qualmen, quieken

Aufgabe 3:
Antiquität, überqueren, Kaulquappe, Aquädukt, Äquator, Aquarium, bequem, Aquarell

Weiterführende Anregung

Viele qu-Wörter eignen sich gut für die pantomimische Darstellung. Bereiten Sie Wortkarten mit solchen Begriffen vor. Jeweils ein Kind zieht eine Karte und stellt den Begriff dar. Die Klasse schreibt auf, welches Wort dargestellt wurde. Dabei ist klar, dass es sich um qu-Wörter handelt. Die Kinder verinnerlichen dadurch die Begriffe mit ihrer Bedeutung und merken sich dazu die Schreibung.

KV Seite 73

Ein Lachs im Dachsbau

Wörter mit dem ks-Laut gehören zu den schwierigsten Rechtschreibphänomenen. Er lässt sich theoretisch auf fünf verschiedene Arten umsetzen: Daks, Dacks, Dax, Dachs, Dags. Ist die Rechtschreibintuition bereits so weit ausgebildet, können die Kinder Kürze und Länge der entsprechenden Silbe mit hinzuziehen. Die Wörter mit „chs“ sind nicht so einfach zugänglich, aber glücklicherweise überschaubar und bis auf die beiden Verben wechseln und wachsen eher selten.

Als Hausaufgabe bietet es sich an, die Wörter nach Möglichkeit mit Silbenstrichen und nach Silbenzahl geordnet aufschreiben zu lassen.

Lösung

Aufgaben 1/2:
die Achse, der Dachs, erwachsen, die Echse, der Lachs, die Achsel, die Eidechse, die Deichsel, die Büchse, der Wechsel, sechs, das (Land) Sachsen, der Luchs, das Wachs, der Fuchs, der Ochse

Kleiner etymologischer Exkurs

Die Doppelbedeutung des Wortes Büchse (Dose und Gewehr) hat einen gemeinsamen sprachlichen Ursprung. In einer aus Buchsbaumholz (Buchsbaum: lat. *buxus*) gefertigten zylindrischen Dose wurden in voralthochdeutscher Zeit Arzneien aufbewahrt (Arzneidose). Später wurden alle zylindrischen Rohre als Büchse bezeichnet, in der Folge auch die Handfeuerwaffe. Übrigens ist auch das Wort Buchse, also die Bezeichnung für den Hohlzylinder zur Aufnahme eines Steckers, davon abgeleitet.

KV Seite 74

Ein Kaiman für den Kaiser

Der Diphthong „ai" ist, obwohl im Vergleich zum „ei" lautgetreuer, wegen seiner Seltenheit als Merkstelle zu behandeln. Die Zahl der Wörter ist in jüngster Zeit durch Anglizismen vergrößert worden, von denen einige auf dieser Kopiervorlage aufgegriffen werden. Die Aussprache ist bei diesen jedoch anders, z. B. Trainer, fair, Mail, Saison. Welche Wörter mit „ai" kennen die Kinder? Die Begriffe rund um das Suchbild ermöglichen es auch lernschwächeren Schülern, eine korrekte Zuordnung vorzunehmen. Partnerarbeit bietet sich an.

Lösung

Aufgabe 1:

Aufgabe 2:

Nebenfluss des Rheins: Main, runde Form von Brot: Laib, Stadt in Norditalien: Mailand, Monatsname: Mai, englisch für „Post": Mail, englisch für „gerecht": fair, Kind ohne Eltern: Waise, dort stehen die Pyramiden: Kairo, Landeshauptstadt von Rheinland-Pfalz: Mainz, befestigtes Ufer im Hafen, zugleich Jungenname: Kai, Zeitabschnitt eines Jahres, z. B. Bundesligaspielzeit: Saison

Weiterführende Anregung

Besonders im geografischen Bereich tauchen als Orts-, Städte- oder Ländernamen oder als Bezeichnung von Gebieten ai-Wörter auf, z. B. Kaiserslautern, Waiblingen, Kraichgau, Mainau, Taiga, Dubai, Taiwan. Legen Sie Atlanten und Karten bereit, in denen die Kinder nachschlagen und ai-Wörter suchen können.

Name:

Weiche Vampire und harte Vögel

Die meisten Wörter, die mit „v“ oder „V“ beginnen, sind Wörter mit den Vorsilben „ver-“/ „Ver-“ und „vor-“/ „Vor-“. Sie gehören zu den **Nachdenkwörtern**.
Die übrigen Wörter mit „v“ oder „V“ musst du lernen. Es sind **Merkwörter**.

Übertrage die Tabelle in dein Heft. Sortiere die Wörter ein. Ergänze sie mit Wörtern aus dem Wörterbuch. Schließe Begriffe mit den Vorsilben „ver-“ oder „vor-“ aus.

Vieh | voll | Vater | Video

Volleyball | Veranda | Volk | violett

 **Vampir-Gruppe** Das „V“ am Wortanfang klingt **weich** wie ein „W“: Vampir.	 **Vogel-Gruppe** Das „V“ am Wortanfang klingt **hart** wie ein „F“: Vogel.

Löse das Rätsel mit Wörtern aus der Vampir-Gruppe.

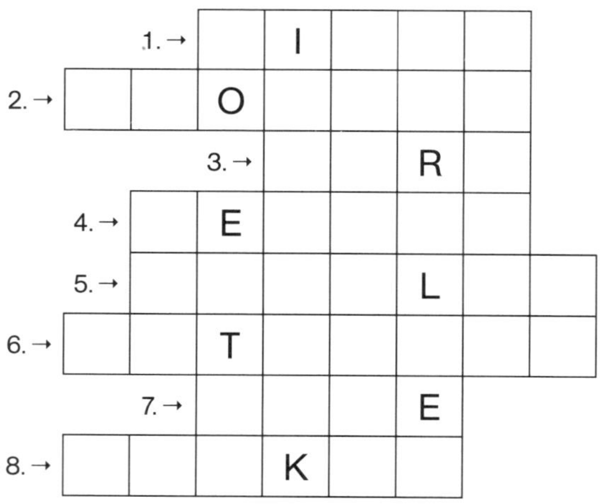

1. Ein großes, vornehmes Haus ist eine …
2. Ein anderes Wort für Geige ist …
3. Ein anderer Name für Tunwort ist …
4. Ein wichtiges Teil am Fahrradschlauch ist das …
5. Die beliebteste Eissorte neben Schokolade ist …
6. Sie stecken in Obst und Gemüse. Wenn wir sie essen, bleiben wir gesund.
7. Du stellst einen Blumenstrauß hinein.
8. Ein feuerspuckender Berg

Name:

Der Wichtigtuer

Bei vielen Wörtern steht hinter dem lang gesprochenen Vokal (Selbstlaut) ein „h“. Es klingt nicht mit, sondern zeigt an, dass der Vokal gedehnt wird.

Lies den Text. Er enthält viele Wörter mit Dehnungs-h. Markiere es jeweils mit dem gedehnten Vokal farbig.

Auf der Wache steht Strafrichter Wicht, in Kollegenkreisen bekannt unter dem Namen „Richtig Wichtig“. Er ist es gewohnt, dass man ihm zuhört. Denn schließlich hat er die meiste Ahnung. Strafrichter Wicht erzählt Wachtmeister Pommes nun schon zum zehnten Mal die gleiche Geschichte. „Sie sollten die Frau zur Fahndung ausschreiben und schnellstmöglich festnehmen!“, empfiehlt er Pommes. „Die Frau ist …“ – „Ja, ich habe verstanden“, unterbricht ihn Pommes genervt. „Die Frau ist sehr gefährlich.“ Er lässt sich stöhnend auf seinen Stuhl fallen. Er hat Zahnschmerzen und Richtig Wichtig treibt ihn heute in den Wahnsinn.

„Also“, beginnt der Richter gedehnt. „Wie bereits mehrmals erwähnt, parke ich gewöhnlich vor der Einfahrt des Gemüsegeschäfts Akcay. Mit Herrn Akcay habe ich eine Übereinkunft. Ich kaufe einige Nahrungsmittel bei ihm, meine Möhren und den Blumenkohl. Dafür lässt er mich dort parken. Ich wohne ja gleich um die Ecke und hasse die Parkuhren bei uns in der Straße.“ Du hasst wohl Parkgebühren, denkt Pommes. Und der arme Herr Akcay glaubt wahrscheinlich, er müsse sonst ins Gefängnis.

Wicht kommt langsam in Fahrt: „Aber heute kehrt diese Alte die Einfahrt und behauptet, das Parkverbot gelte für alle. Als ich trotzdem einparken will, geht sie mit dem Besen auf mich los.“ – „Ich nehme an, Sie haben sich gewehrt?“, fragt Pommes und rührt in seinem Kaffee. „Wo denken Sie hin?“, prahlt Richtig Wichtig. „Das hätte für die Alte Lebensgefahr bedeutet. Immerhin habe ich im Rahmen meines Polizeidienstpraktikums eine einwöchige Nahkampfausbildung erhalten. Ich habe sie streng und mit Nachdruck, nun … ermahnt.“

Kugelblitz hat im Hintergrund alles mit angehört und schaltet sich nun ein. „Sie haben recht“, sagt Kugelblitz so ernst wie möglich. „Dann wollen wir mal zur Täterbeschreibung kommen. Also, Sie schätzen das Alter auf etwa achtzig, leicht gebückte Haltung, zahlreiche Falten, Warze am Kinn, Besen … Meine Güte, ich habe da eine schreckliche Ahnung! Herr Wichtig, Sie waren ohne Zweifel in größter Gefahr …“ Nun kann er sich nicht mehr zurückhalten und prustet los. Das ganze Revier wiehert vor Lachen. Auch wenn es Ärger geben sollte, der Spaß hat sich gelohnt.

Erstelle eine Tabelle im Heft und ordne die markierten Wörter ein. Drei Wörter lassen sich nicht einordnen. Unterstreiche sie rot.

-ah-	-eh-	-oh-	-uh-

Name:

Wo ist nur meine Kusine?

Diese Wörter haben alle ein lang klingendes „i“ ohne Dehnungsbuchstaben. Solche Wörter sind eher selten. Lerne sie als **Merkwörter**.

Schreibe die iiiii-Wörter auf die Linie. Überschreibe das lange „i“ mit einem roten Stift.

 der ______	 das ______	 die ______	 das ______
 der ______	 der ______	 die ______	 der ______

Löse das Rätsel. Das Lösungswort verrät dir, wo Martins Kusine Lina steckt.

Haupteingang für den Weihnachtsmann: ☐ ☐ ☐(1) ☐ ☐ .

Töne, Klänge, Rhythmus und Gesang ergeben zusammen: ☐ ☐ ☐ ☐ ☐(2) .

Anderes Wort für Krankenhaus: ☐ ☐(3) ☐ ☐ ☐ ☐ .

Kleine, süße Kalorienbombe: ☐ ☐ ☐ ☐ ☐ ☐ ☐(4) .

An der Küste weht immer eine leichte: ☐ ☐ ☐(5) ☐ ☐ .

Darin steht das Evangelium: ☐ ☐ ☐ ☐(6) ☐ .

Es wandelt sich – doch bleibt es prima?
Es ist nicht bloß das Wetter, es ist das ganze: ☐ ☐ ☐ ☐ ☐(7) .

Lesebuch im 1. Schuljahr: ☐ ☐ ☐(8) ☐ ☐ .

1000 Gramm sind ein: ☐ ☐(9) ☐ ☐ ☐ ☐ ☐ ☐ ☐ .

Das Gegenteil von Plus ist: ☐ ☐ ☐(10) ☐ ☐ .

Große Raubkatze: ☐ ☐ ☐ ☐(11) ☐ .

Kontrolliere die i-Wörter mit dem Wörterbuch.

Lösung: Lina steckt in der

U	1	2	3	4	5	D	6	K	7	8	9	10	11	.

Name:

Ein Fax von der Ex

Kein Jux! Teddy Trickser aus Xanten „relaxt“ wegen gefälschter Taxiführerscheine in einem texanischen Gefängnis. Seine luxemburgische Ex-Freundin Alexa ist flexibel und faxt ihm fix das letzte Exemplar eines verflixten Rätsels mit kreuz und quer gemixten x-Wörtern.

Finde und markiere die 16 Wörter mit „x“. Trage sie passend auf den Linien ein.

E	X	P	E	D	I	T	I	O	N	N	A
X	K	L	O	T	R	O	N	Z	F	U	N
P	S	T	P	A	S	X	S	R	E	V	E
E	X	P	L	O	S	I	O	N	X	A	X
R	E	T	E	X	T	I	L	I	E	N	P
T	R	K	L	E	X	I	K	O	N	C	E
I	H	E	H	R	O	S	D	W	Z	Ö	R
N	I	X	E	Q	Y	L	V	R	E	Ä	I
P	R	A	X	I	S	U	M	I	X	R	M
U	T	K	E	V	W	X	L	O	T	R	E
S	U	T	E	X	T	U	M	S	R	I	N
M	I	X	E	R	O	S	Y	G	A	X	T

Fremdwort für Forschungsreise: Expedition

Sagenhaftes Meereswesen: ______________

Fällt Bäume mit drei Buchstaben: ______________

Ganz genau: ______________

Das wird gelesen: ______________

Fachfrau: ______________

Kluges Buch: ______________

Ist einen Versuch wert: ______________

Reichtum, Überfluss: ______________

Märchenhafte Besenreiterin: ______________

Gemischtes Durcheinander: ______________

Ganz besonders: ______________

Genähte Stoffe: ______________

Knall! Bumm! Peng!: ______________

Dort besucht man den Arzt: ______________

Macht in der Küche alles klein: ______________

Name:

a und a – ein schönes Paar

Trenne die Nomen mit „aa“ durch Striche ab. Setze sie passend in die Lücken ein.

WAAGE|SAATAALSTAATAACHENHAARAASSAALSAARLANDSAARBRÜCKENPAAR

die genaue ________, die verkümmerte ________, der glitschige ________, das blonde ________, das stinkende ________, die alte Kaiserstadt ________, der erleuchtete ________, das verheiratete ________, der demokratische ________, das kleine Bundesland ________ und seine Hauptstadt ________

Den Begriff **paar** muss man manchmal kleinschreiben.
Dann geht es um **einige**.

Beispiel: ein paar Bonbons – einige Bonbons
ein paar Flaschen – einige Flaschen

Man schreibt **Paar** groß, wenn es um **genau zwei** geht, die zusammengehören.

Beispiel: ein Paar Schuhe, das glückliche Paar, ein Paar Augen

Setze „Paar“ oder „paar“ ein.

Wenn ein ________ heiraten möchte, muss es ein ________ Dinge beachten. Zunächst muss das ________ auf dem Standesamt ein ________ Formulare unterschreiben. Ein ________ Ringe sollte bereitliegen und natürlich zwei ________ geputzter Schuhe bereitstehen. Die Braut wünscht sich eine Kutsche, die von zwei ________ Pferden gezogen wird. Die Hochzeitsgäste bereiten ein ________ Überraschungen für das ________ vor: ein ________ Reiskörner werfen, hunderte Herzluftballons steigen lassen und das ________ hochleben lassen.

Wähle drei aa-Wörter, die du dir besonders gut merken willst. Male sie auf die Rückseite des Blattes und beschrifte sie.

Name:

Es krakeelen e und e – doofe Idee

Finde alle zehn Wörter mit „ee“. Setze sie passend in die Lücken ein.

S	C	H	N	E	E	U	P	A	T	T	E	E
A	B	R	E	T	G	L	L	L	S	R	E	V
E	K	B	E	E	T	A	E	L	A	I	S	B
L	I	K	S	P	S	D	B	E	E	R	E	E
E	O	M	E	E	R	W	S	E	K	Q	E	L

der kristallklare *See*	–	der Bade*see*
der bittere ________	–	das ________ service
der pulvrige ____________	–	der ____________ fall
das brausende __________	–	die __________ *es*forscherin
die unreife _________	–	die Erd _________
die kurvenreiche __________	–	der ____________ baum
das geharkte __________	–	das Blumen _________

Lege in deinem Heft eine Tabelle an und sortiere die Wörter.

Swimmingpool Moor

Boot Zoo

Looping Moos doof

cool

Shampoo Moonboots

deutsche Aussprache	englische Aussprache

Name:

Schreib bloß keinen Quatsch!

Es gibt nur wenige Wörter mit „Qu“. Ihm folgt immer ein „a“, „e“, „i“, „o“ oder „ä“.

Finde die Wörter. Verbinde und schreibe auf die Linien.

Qu — a / e / i

Quetschung

______drat

______l

______rl

______lität

Qu — a / e / i

______lle

______lle

______lm

______rk

______ttung

Finde zu diesen Nomen (Namenwörtern) mit „Qu“ oder „qu“ ein verwandtes Verb (Tunwort) in der Grundform.

die Quelle – quellen

die Quittung – ______________

das Gequake – ______________

das Gequatsche – ______________

das Gequietsche – ______________

der Qualm – ______________

die Quetschung – ______________

das Gequieke – ______________

Lies die Wörter. Male „qu“ farbig an. Schreibe die Begriffe anschließend in dein Heft.

A-n-t-i-qui-t-ä-t

ü-b-e-r-que-r-e-n

K-a-u-l-qua-p-p-e

Ä-qua-t-o-r

A-qua-r-i-u-m

b-e-que-m

A-quä-d-u-k-t

A-qua-r-e-l-l

Name:

Ein Lachs im Dachsbau

Finde die chs-Wörter im Dachsbau. Male jedes Wort mit einer Farbe an.

Schreibe die Wörter auf.
Ergänze bei den Nomen (Namenwörtern) einen Artikel (Begleiter).

Name:

Ein Kaiman für den Kaiser

Finde ai-Wörter im Suchbild. Kreise die Bilder jeweils ein und verbinde mit dem richtigen Wort.

Trage die restlichen ai-Wörter passend ein.

Nebenfluss des Rheins: ☐☐☐☐

Runde Form von Brot: ☐☐☐☐

Stadt in Norditalien: ☐☐☐☐☐☐☐

Monatsname: ☐☐☐

Englisch für „Post“: ☐☐☐☐

Englisch für „gerecht“: ☐☐☐☐

Kind ohne Eltern: ☐☐☐☐☐

Hauptstadt von Ägypten: ☐☐☐☐☐

Landeshauptstadt von Rheinland-Pfalz: ☐☐☐☐☐

Befestigtes Ufer im Hafen, zugleich Jungenname: ☐☐☐

Zeitabschnitt eines Jahres, z. B. Bundesligaspielzeit: ☐☐☐☐☐☐

6. Kapitel: Groß- und Kleinschreibung, Interpunktion

Vorbemerkung

Die meisten Rechtschreibfehler – fast ein Viertel – machen Kinder, weil sie Nomen kleinschreiben bzw. andere Wörter groß. Hinzu kommen Fehler durch die versäumte Großschreibung am Satzanfang. Die Regel für die Großschreibung lässt sich eigentlich prägnant zusammenfassen: Namen, Nomen, Satzanfänge und die Höflichkeitsform der Anredepronomen in Briefen werden großgeschrieben. Alle anderen Wörter klein. Und das soll schwer sein?

Leider ja. Das liegt nicht nur daran, dass die prägnante Zusammenfassung einige Sachverhalte unterschlägt:

- die Eigennamenregelung: die Chinesische Mauer, die Ewige Stadt (Rom)
- die Nominalisierung/Substantivierung: Im Kontext eines Satzes kann nahezu jedes Wort zu einem Nomen werden (das Gehen, das Grün, das Oben, das Für und Wider, das Du, eine Sieben).
- Wandlung der Wortart: Nomen können in andere Wortarten verwandelt werden und müssen dann kleingeschrieben werden.
- Besonderheiten: Das erste Wort eines Titels, einer Überschrift oder eines Straßennamens wird großgeschrieben.

Das Wenigste davon muss ein Grundschulkind schon beherrschen. Doch selbst bei den „lupenreinen" Nomen reicht eine Nomenprobe oft nicht aus. Man sollte Wörter auf verschiedene Art und Weise testen, um sie schließlich als Nomen herausfiltern zu können. In diesem Kapitel werden die wichtigsten Nomenproben kurz vorgestellt und angewendet. Der Band „Sprache untersuchen in der 3. und 4. Klasse" geht darauf ausführlicher ein.

Lehrplanbezug

- Verschiedene Proben zur Bestimmung von Nomen durchführen
- Satzgrenzen erkennen
- Nomen und Satzanfänge großschreiben
- Punkt, Fragezeichen und Ausrufezeichen richtig verwenden
- Anredepronomen der Höflichkeitsform erkennen und großschreiben

Zu den Kopiervorlagen

KV Seite 78

Nomenprobe

Nomen sicher zu erkennen fällt den Kindern oft noch schwer. Verschiedene Strategien stehen deshalb zur Verfügung, um diese zielsicher zu bestimmen: Anfassprobe, Mehrzahlprobe, Endungsprobe, Gegenprobe, Begleiterprobe und Haben-Probe. Eine Kombination dieser Proben ist notwendig, um Sonderfälle möglichst auszusortieren. Nominalisierungen u. Ä. können trotzdem „durchrutschen". Hier ist es letztlich an Ihnen, diese Sonderfälle zu erläutern und von Fall zu Fall zu korrigieren. Die Schüler entwickeln zunehmend ein Sprachgefühl, das ihnen die Nomenbestimmung erleichtert.

Damit die Proben verinnerlicht werden, testen die Schüler die vorgegebenen Wörter jeweils mit allen sechs Möglichkeiten durch. Wie oft müssen die Proben „pro Nomen" ausfallen, damit das Wort ein Nomen ist? Die Kinder diskutieren. Regen Sie außerdem ein Gespräch über die Vor- und Nachteile der einzelnen Proben an. Welche ist die beste Reihenfolge?

Lösung

Kalender: anfassen, die Kalender, Endung nein, keine andere Wortart, der, kann man haben → Nomen
Ehrgeiz: nicht anfassen, keine Mehrzahl, Endung nein, keine andere Wortart, der, kann man haben → Nomen
kalt: nicht anfassen, keine Mehrzahl, Endung nein, Adjektiv → kein Nomen
Addition: nicht anfassen, die Additionen, -ion, keine andere Wortart, die, kann man nicht haben → Nomen
läuft: nicht anfassen, keine Mehrzahl, Endung nein, Verb → kein Nomen
Bemerkung: nicht anfassen, die Bemerkungen, -ung, keine andere Wortart, die, kann man nicht haben → Nomen
Unfall: nicht anfassen, die Unfälle, Endung nein, keine andere Wortart, der, kann man haben → Nomen

Wahr oder geflunkert?

KV Seite 79

An dieser Stelle können die bereits erlernten Nomenproben wiederholt werden. Besprechen Sie die Lösungen der ersten Aufgabe gemeinsam, bevor die Kinder an das Abschreiben gehen. Tipps zum richtigen Abschreiben finden Sie auf der Kopiervorlage Seite 87.

Lösung

Aufgaben 1–3:

- (w) Onkel Isidor arbeitet schon lange bei der Polizei.
- (f) Jeden Samstag hat er Dienst in der Sauna.
- (w) Meine Freundin Lisa besucht dieselbe Schule wie ich.
- (f) Wir gehen in der Pause gerne auf den Mars.
- (w) Unsere Bande hat den Namen Spürnasen.
- (f) Die Spürnasen rauben manchmal eine Bank aus.
- (f) Goldene Münzen sind im Winter nicht besonders kostbar.
- (f) Kinder dürfen keine Hausaufgaben machen.

Ein erfahrener Kriminalist

KV Seite 80

Die Großschreibung am Satzanfang und die Großschreibung von Nomen stellen für den Leser eine Lesehilfe dar. Wie sehr diese Regelung hilft, zeigt der vorliegende Text. Die Kinder finden mithilfe der verschiedenen Nomenproben zunächst die Nomen heraus und überschreiben den Kleinbuchstaben am Wortanfang. Anschließend wenden sie sich den Punkten zu. Satzgrenzen zu finden ist für viele Kinder noch schwierig und muss immer wieder geübt werden. Gegenseitiges halblautes Vorlesen ist dabei hilfreich. Der vorliegende Text verleitet dazu, jeweils über die Satzgrenze hinaus zu lesen.

Lösung

Aufgaben 1/2:

Kommissar Kugelblitz löst jeden Fall. Blitzschnell verschafft er sich am Tatort einen Überblick. In der Regel befragt er die meisten Zeugen selbst. Geschickt entlockt er ihnen auch scheinbar nebensächliche Beobachtungen. Zum Handwerkszeug eines Kriminalkommissars gehört vor allem eine gute Menschenkenntnis. In den meisten Fällen verraten sich schuldbewusste Menschen durch Gesten oder Blicke. Deswegen vermeiden kluge Ganoven die Begegnung mit dem erfahrenen Kriminalisten.

Aufgabe 3:

z. B. Setze die passenden Satzschlusszeichen. Das klingt aber umständlich! Kann man nicht einfach sagen, dass du Punkte setzen sollst? Aber wäre die Arbeitsanweisung dann vollständig? Nein, das wäre sie nicht. Dieser Text enthält ja auch Fragen und Ausrufe. Also, aufgepasst! Hast du diesen Ausruf gerade gehört? Du hast ihn logischerweise nicht gehört. Satzzeichen können ja nicht rufen. Das Ausrufezeichen hilft dem Leser, einen Satz besser zu verstehen. Verwende es aber nur sparsam! Es nutzt sich sonst ab und wirkt nicht mehr. Das ist wie im Zirkus. Wenn ein Zirkusdirektor vor jeder Nummer eine Weltsensation ankündigte, wäre man schnell gelangweilt. „Hochverehrtes Publikum! Nun folgt eine Weltsensation!“ Und dann kommt nur der dumme August mit dem Wasserglas. Nein, dafür gibt es nur einen Punkt.

Ein merkwürdiger Brief

KV Seite 81

In einem Brief erfordert die Höflichkeit die Großschreibung der Anredepronomen. Lernschwachen Kindern hilft es, wenn Sie vorab zusammen mit der Klasse den Brief in die du-Form umwandeln. Die Schüler können dann die Anredepronomen klar erkennen und farbig markieren. Im zweiten Schritt können sie dann den Text in die Sie-Form setzen. Verstehen die Schüler den Witz des Textes? Max Schleicher sitzt gerade im Gefängnis, weil er bei einem Einbruch von Kommissar Kugelblitz geschnappt wurde. Für pfiffige Kinder: Ein Bürgermeister ist Teil der Gemeindebehörde und deshalb nicht für die Polizei zuständig, die als Vertreter der Landesbehörde fungiert.

Lösung

Sehr geehrter Herr Bürgermeister,

endlich finde ich die Zeit, Ihnen in einer wichtigen Angelegenheit zu schreiben. Genau genommen handelt es sich um eine Beschwerde.

Es wird Sie interessieren zu erfahren, dass ein gewisser Herr Kugelblitz Bürger wie mich an der Ausübung ihres Handwerks hindert. Da Sie genau wie ich hart für Ihr Geld arbeiten müssen, werden Sie sicher verstehen, wie sehr mich das ärgert. Im Gegensatz zu Ihnen arbeite ich sogar nachts und an oft wechselnden Arbeitsplätzen. Während

Sie gerade mal einen Kugelschreiber oder einen Aktenordner anheben müssen, schleppe ich in meiner Arbeitszeit Schweißgeräte und eine schwere Werkzeugtasche mit mir herum.
Umso ärgerlicher sind daher die regelmäßigen Besuche von Herrn Kugelblitz und seinen Leuten sowie ihre argwöhnischen Fragen. Glauben Sie mir, sie schrecken sogar vor Verhaftungen nicht zurück!
Ich möchte Sie bitten, Ihren Einfluss geltend zu machen, um derartige Einschränkungen meiner persönlichen Freiheit zu unterbinden.
Ich versichere Ihnen, es wird Ihr Schaden nicht sein, denn nach meiner erfolgten Freilassung würde ich von einem nächtlichen Besuch in Ihrer Villa, der sich für mich bestimmt lohnen würde, absehen.
Hochachtungsvoll (…)

Weiterführende Anregung
Die Kinder verfassen den Antwortbrief des Bürgermeisters. Dabei müssen ebenfalls die Anredepronomen beachtet werden.

Name:

Nomenprobe

Es gibt verschiedene Möglichkeiten, Nomen (Namenwörter) zu erkennen.
Doppelt geprüft hält besser!

Anfassprobe
„Kann man es anfassen?“ Das Wort bezeichnet etwas Stoffliches, einen konkreten Gegenstand oder ein Lebewesen. Dann ist es ein Nomen. 100%-Garantie!

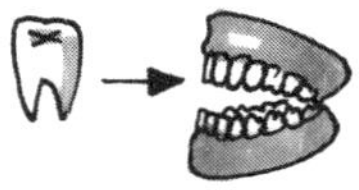

Mehrzahlprobe
„Hat das Wort Einzahl und Mehrzahl?“
Dann ist es ein Nomen.

Endungsprobe
„Endet das Wort mit -heit, -keit, -nis, -ung, -tum, -ion, -schaft, -elei?“
Dann ist es ein Nomen.
100%-Garantie!

Wortarten-Gegenprobe
„Gehört das Wort zu einer anderen Wortart, die ich kenne?“ Ist es beispielsweise ein Verb (Tunwort) oder ein Adjektiv (Wiewort)?
Dann ist es **kein** Nomen.

der-die-das • der-die-das •

Begleiterprobe
„Kann man einen Begleiter, z. B. der/die/das, davor setzen?“ Damit findet man auch die Nomen für Gefühle, Ereignisse, Vorgänge, Zustände und Zeitangaben, bei denen die Anfassprobe nicht weiterhilft.

haben

Haben-Probe
„Kann man es haben?“
Damit erkennt man viele abstrakte Nomen wie Glück, Hunger oder Ferien.

Wende bei den Wörtern jeweils alle Proben an.
Markiere anschließend den richtigen Anfangsbuchstaben des Wortes farbig.

Groß oder klein?		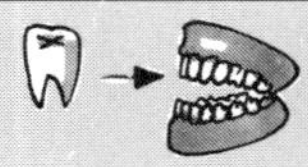			der-die-das • der-die-das •	haben	Nomen
~~r~~/**R**eichtum	nein	die Reichtümer	-tum	nein	der	ja	ja
k/Kalender							
e/Ehrgeiz							
k/Kalt							
a/Addition							
l/Läuft							
b/Bemerkung							
u/Unfall							

Name:

Wahr oder geflunkert?

In jeder Zeile findest du Sätze. Unterstreiche alle Nomen (Namenwörter) oder Namen, die du findest.

Lies die Sätze langsam und deutlich. Schreibe sie in die Zeile darunter. Achte auf die Groß- und Kleinschreibung.

ONKEL|ISIDOR|ARBEITETSCHONLANGEBEIDERPOLIZEI.

JEDENSAMSTAGHATERDIENSTINDERSAUNA.

MEINEFREUNDINLISABESUCHTDIESELBESCHULEWIEICH.

WIRGEHENINDERPAUSEGERNEAUFDENMARS.

UNSEREBANDEHATDENNAMENSPÜRNASEN.

DIESPÜRNASENRAUBENMANCHMALEINEBANKAUS.

GOLDENEMÜNZENSINDIMWINTERNICHTBESONDERSKOSTBAR.

KINDERDÜRFENKEINEHAUSAUFGABENMACHEN.

Bei welchen Sätzen hat Martin geflunkert? Trage ein: w (wahr) bzw. f (falsch).

Name:

Ein erfahrener Kriminalist

In diesem Text wurden alle Nomen (Namenwörter) und Namen kleingeschrieben, keine Punkte gesetzt und auch die Satzanfänge kleingeschrieben. Ein Fall für dich!

Finde alle Nomen und schreibe sie groß. Die Zahl am Zeilenrand sagt dir, wie viele Nomen du jeweils finden musst.

Finde durch aufmerksames und lautes Lesen die Satzgrenzen. Setze die Punkte und schreibe die Satzanfänge groß.

03 kommissar kugelblitz löst jeden fall blitzschnell verschafft er sich am
04 tatort einen überblick in der regel befragt er die meisten zeugen
00 selbst geschickt entlockt er ihnen auch scheinbar nebensächliche
03 beobachtungen zum handwerkszeug eines kriminalkommissars gehört vor
02 allem eine gute menschenkenntnis in den meisten fällen verraten sich
03 schuldbewusste menschen durch gesten oder blicke deswegen vermeiden
03 kluge ganoven die begegnung mit dem erfahrenen kriminalisten

Satzschlusszeichen zeigen das Satzende an. Sie helfen dem Leser.
Punkt: Aussagesätze
Ausrufezeichen: nachdrückliche Aufforderungen, Ausrufe
Fragezeichen: Fragesätze

Setze die passenden Satzschlusszeichen.

Setze die passenden Satzschlusszeichen☐ Das klingt aber umständlich☐ Kann man nicht einfach sagen, dass du Punkte setzen sollst☐ Aber wäre die Arbeitsanweisung dann vollständig☐ Nein, das wäre sie nicht☐ Dieser Text enthält ja auch Fragen und Ausrufe☐ Also, aufgepasst☐ Hast du diesen Ausruf gerade gehört☐ Du hast ihn logischerweise nicht gehört☐ Satzzeichen können ja nicht rufen☐ Aber das Ausrufezeichen hilft dem Leser, einen Satz besser zu verstehen☐ Verwende es aber nur sparsam☐ Es nutzt sich sonst ab und wirkt nicht mehr☐ Das ist wie im Zirkus☐ Wenn ein Zirkusdirektor vor jeder Nummer eine Weltsensation ankündigte, wäre man schnell gelangweilt☐ „Hochverehrtes Publikum☐ Nun folgt eine Weltsensation☐“ Und dann kommt nur der dumme August mit dem Wasserglas☐ Nein, dafür gibt es nur einen Punkt☐

Name:

Ein merkwürdiger Brief

Ziemlich dreist, dieser Herr Schleicher – und unhöflich, denn er hat vergessen, die Anredepronomen großzuschreiben. Korrigiere seinen Brief.

In Briefen werden die höflichen Anredepronomen (Fürwörter) Sie, Ihr, Ihre, Ihnen usw. **großgeschrieben**. Sie sprechen eine Person direkt an.

Knastberg im März

Sehr geehrter Herr Bürgermeister,

endlich finde ich die Zeit, ihnen in einer wichtigen Angelegenheit zu schreiben. Genau genommen handelt es sich um eine Beschwerde. Es wird sie interessieren zu erfahren, dass ein gewisser Herr Kugelblitz Bürger wie mich an der Ausübung ihres Handwerks hindert. Da sie genau wie ich hart für ihr Geld arbeiten müssen, werden sie sicher verstehen, wie sehr mich das ärgert. Im Gegensatz zu ihnen arbeite ich sogar nachts und an oft wechselnden Arbeitsplätzen. Während sie gerade mal einen Kugelschreiber oder einen Aktenordner anheben müssen, schleppe ich in meiner Arbeitszeit Schweißgeräte und eine schwere Werkzeugtasche mit mir herum. Umso ärgerlicher sind daher die regelmäßigen Besuche von Herrn Kugelblitz und seinen Leuten sowie ihre argwöhnischen Fragen. Glauben sie mir, sie schrecken sogar vor Verhaftungen nicht zurück!
Ich möchte sie bitten, ihren Einfluss geltend zu machen, um derartige Einschränkungen meiner persönlichen Freiheit zu unterbinden.
Ich versichere ihnen, es wird ihr Schaden nicht sein, denn nach meiner erfolgten Freilassung würde ich von einem nächtlichen Besuch in ihrer Villa, der sich für mich bestimmt lohnen würde, absehen.

Hochachtungsvoll

Max Schleicher

Max Schleicher
Tresorknacker, Tag- & Nachtservice

Tipp: Wenn du nicht sicher bist, ob sich ein Pronomen auf den Adressaten bezieht, dann bilde den Satz in der du-Form.

7. Kapitel: Arbeitstechniken

Vorbemerkung

Die Fähigkeit der gezielten Wortrecherche im Wörterbuch ist ein wichtiger Teil der Rechtschreibkompetenz. Sie macht die Kinder unabhängig und selbstständig, z. B. beim Verfassen und Überarbeiten eigener Texte. Räumen Sie für die Wörterbucharbeit deshalb im Laufe des Schuljahres immer wieder Zeit im Unterrichtsgeschehen ein, fördern Sie aber vor allem ihre Automatisierung im Schreiballtag. Seien Sie dabei Vorbild und motivieren Sie die Kinder zu eigenen Recherchen.

Der systematische Umgang mit dem Wörterbuch stellt eine eigene Kompetenz dar, verlangt und schult aber auch weitere Teilkompetenzen, z. B. sorgfältiges Vergleichen, korrektes Abschreiben, morphematische und orthografische Wortanalyse, Kenntnis von Schreibvarianten.

Meist haben die Kinder im zweiten Schuljahr schon mit alphabetischen Wortlisten und möglicherweise mit einer altersgemäß reduzierten Version eines Wörterbuchs gearbeitet. Der alphabetische Sortieralgorithmus „Ich sortiere nach dem ersten Buchstaben, bei Gleichheit nach dem zweiten und so weiter“ ist ihnen daher im Prinzip bekannt. Daran knüpft man in den folgenden Schuljahren an.

Eine alphabetische Sortierung spielt auch bei anderen Nachschlagewerken eine Rolle, z. B. beim Telefonbuch oder beim Lexikon. Die Suchtechnik muss bei steigender Wortanzahl eines Nachschlagewerkes ständig optimiert werden, um das gesuchte Wort in angemessener Zeit finden zu können. Die Kinder müssen lernen, das Suchgebiet über die Betrachtung der vordersten Buchstaben schneller einzugrenzen. Das Wissen um die Probleme, die bei der Wörterbucharbeit auftauchen können, und die Erfahrung, eine solche Recherche mit Köpfchen und Ausdauer bewältigen zu können, fördert das Selbstvertrauen der Schüler und ermutigt sie zu weiteren Forscheraufgaben.

Wörter mit schwierigen Stellen – vor allem mit Stolperstellen am Wortanfang – muss man unter Umständen an verschiedenen Stellen suchen. Hier zeigt sich ein gewisses Dilemma: Schwache Rechtschreiber finden Wörter zum Teil nicht, weil sie noch auf zu wenige Strategien zurückgreifen können. Um zu wissen, wo etwas steht, muss man gewisse Wortstrukturen schon durchschauen. Nicht zuletzt deshalb hat die gezielte, dem wachsenden Rechtschreibbewusstsein der Kinder angepasste Wörterbuchrecherche seine Berechtigung. Über die Reflexion des Wortaufbaus steigern die Kinder bei der Wörtersuche also auch das morphematische und orthografische Strategiewissen.

Mögliche Schwierigkeiten und zu erlernende Strategien

- „V/W/F/Ph“ am Wortanfang
- „Sp/St“ am Wortanfang
- „Qu“ am Wortanfang
- „K/C/Ch“ am Wortanfang (Kohle, Clown, Chor)
- „E/e“, „Ä/ä“, „Eu/eu“ und „Äu/äu“ am Wortanfang und in der Wortmitte
- „ei/ai“ in der Wortmitte
- ks-Laute in der Wortmitte (Dachs, Axt, Keks, Angst)
- Nicht ableitbare Konsonanten-Verhärtungen in der Wortmitte (Herbst, Angst)
- Wortzusammensetzungen/Vorsilben: getrennte Suche, Wortstammsuche
- Vorsilben mit Merkstelle („ver-“, „vor-“, „ab-“, „end-“)
- Verbformen unter der Grundform, wortstammbezogen oder unter dem abgeleiteten Nomen suchen

Wörterbuchübungen

Diktate

- 10-Wörter-Diktat: Diktieren Sie zehn Wörter aus dem Wörterbuch. Die Schüler notieren sich jeweils das Wort. Anschließend schlagen sie nach, korrigieren gegebenenfalls und notieren die Seitenzahl. Am Ende wird verglichen.
- Satzdiktat: Diktieren Sie wenige Sätze. Die Schüler entscheiden selbst, welche Wörter sie nachschlagen. Sie können den Schwerpunkt der Übung durch Ihre Wortwahl festlegen.

Freie Suchaufgaben

Geben Sie für die Suchaufgaben in der Schule eine bestimmte Zeit vor. So ist die Aufgabe automatisch differenziert: „Suche in zehn Minuten möglichst viele Wörter …“ Für die häusliche Arbeit kann der Auftrag lauten: „Suche mindestens zehn Wörter …“ oder „Wer findet die meisten?“ Die Kinder notieren jeweils die Seite, auf der sie das Wort im Wörterbuch gefunden haben.

- Wörter mit einer bestimmten Mitsprechstelle suchen:
  „-que-“, „-qui-“, „-qua-“, „-quo-“
  silbentrennendes „h“
  „St/st“, „Sp/sp“ am Wortanfang oder in der Wortmitte
  Verben auf „-ieren“ usw.
  Nomen auf „-ion“, „-heit“, „-keit“ usw.
  Adjektive auf „-sam“, „-lich“, „-haft“ usw.
- Wörter mit einer bestimmten Merkstelle suchen:
  Dehnungs-h
  Umlaut (Bär, Währung)
  langes betontes „i“ (Gardine)
- Rekordseiten: Finde die Seite mit den meisten Verben, Nomen oder Adjektiven.
- Besonders schwierige Wörter suchen

- Wörter zu einem Wortfeld nachschlagen: Suche Verben zum Wortfeld gehen, sehen, sprechen, fühlen usw. Suche Nomen zum Wortfeld Fahrrad, Verkehr, Zahnarzt, Tierwelt, Sport, Natur, Berufe usw.
- Mithilfe des Wörterbuchs Wörter zu einer Wortfamilie zusammenstellen

Lehrplanbezug

- Systematisches Abschreiben üben
- Nachschlageübungen durchführen
- Zusammengesetzte Wörter getrennt im Wörterbuch nachschlagen
- Schwierige Wortanfänge im Wörterbuch finden
- Die Häufigkeitsverteilung von Wörtern für das Rechtschreibtraining nutzen
- Wörter nach ihrer Übungsstrategie einteilen
- Silbentrennung üben

Zu den Kopiervorlagen

KV Seite 87

Prof. Wörtlichs ausführliche Abschreibtipps

Das Abschreiben begleitet Schüler bereits seit dem ersten Schuljahr und sicher haben auch Sie es im Unterricht schon thematisiert. Üben Sie regelmäßig mit Ihrer Klasse das systematische Vorgehen. Wie viel Zeit und Energie wird vergeudet, wenn gerade schwächere Rechtschreiber viel Zeit für das Abschreiben benötigen und trotzdem noch Fehler machen. Weniger ist mehr und den gleichen kurzen Text mehrmals als Übung zu verwenden ist durchaus sinnvoll. Das muss auch den Eltern vermittelt werden. Richtiges Abschreiben ist ein wichtiger Bestandteil der Rechtschreibkompetenz und eine Fähigkeit, die in der Grundschule erlernt werden muss. Richten Sie deshalb Ihr Augenmerk verstärkt auf die Durchführung.

Nehmen Sie die Tipps dieser Seite als Vorlage und entwickeln Sie mit den Kindern eine Liste mit eigenen sprachlichen Formulierungen (z. B. ich-Form) und selbst erfundenen Symbolen. So erreichen Sie eine höhere Identifikation. Weitere Bereiche des Deutschunterrichts werden abgedeckt, z. B. Handlungsanweisung schreiben, Piktogramme erstellen und lesen. Die Tipps sollten gut sichtbar in der Klasse hängen und evtl. auch kleinformatig für die Hand der Schüler zur Verfügung stehen. Sie müssen immer wieder gemeinsam erprobt und in jeder Abschreibsituation ins Gedächtnis gerufen werden.

KV Seite 88

Märchenstunde bei Onkel Isidor

Der Text enthält nur wenige Rechtschreibschwierigkeiten. Es tauchen fast ausschließlich Mitsprechwörter auf. Ein Schwerpunkt liegt bei den Wörtern mit dem Doppellaut „ei“. Die Strategie hierzu lautet, dass man nur die relativ wenigen Ausnahmen lernt, bei denen dieser Diphthong als „ai“ verschriftet wird (siehe KV Seite 74).

Die Geschichte dient als Übung für eine ganze Woche. Die Kinder reflektieren diesen Übungsprozess täglich. Mögliche Kriterien können sein: Wie viele Minuten habe ich gearbeitet? Wie gut konnte ich mich konzentrieren? Wie sauber habe ich gearbeitet? Wie viele Fehlerwörter habe ich produziert und bemerkt/nicht bemerkt? Habe ich meine Abschnitte angemessen gewählt? Wie lang waren sie etwa (Silben, Wörter)? Wie gut habe ich die Abschreibtipps umgesetzt?

KV Seite 89

Die Schlinge zieht sich zusammen

Mit dieser Übung wird das Nachschlagen im Wörterbuch vereinfacht dargestellt. Je nach Auswahl der Wörter müssen die Schüler den ersten, zweiten oder auch dritten Buchstaben vergleichen. Das wird in der zweiten Aufgabe nochmals geübt. Die Kinder schlagen im Wörterbuch nach und ergänzen Wörter, die in die Lücken passen. Verschiedene Begriffe sind möglich.

Leistungsstärkere Kinder können sich die Wörter vorab selbst überlegen. Daraus kann man eine differenzierte spielerische Übung entwickeln. Wer kennt ein Wort, das im Wörterbuch zwischen Kachel und Kaiser steht? Je enger die „Schlinge" bereits gezogen ist, desto schwieriger.

Lösung

Aufgabe 1:

Radio – **Räuber** – rechteckig, Falle – **Fälscher** – Falte, spinnen – **Spion** – spitz, verraten – **Verräter** – verrückt, betrügen – **Betrüger** – Bett

Aufgabe 2:

z. B. 1 Neid, 2 Ofen, 3 Paddel, 4 Qualle, 5 Rätsel
1 Laich, 2 Laken, 3 Larve, 4 Laster, 5 Latz
1 Strand, 2 Strauß, 3 Streifen, 4 Strick, 5 Stroh

Weiterführende Anregung

Spielen Sie mit der Klasse „Mister X". Bekannt ist dieses spannende 5-Minuten-Spiel meist aus dem Mathematikunterricht. Hier üben die Kinder die Orientierung im Alphabet. Für das Wortsuche-Mister-X sollte jedem Kind das gleiche Wörterbuch zur Verfügung stehen. Teilen Sie die Klasse in Gruppen ein. Wählen Sie ein Wort aus dem Wörterbuch aus, z. B. Dose. Eine Gruppe fragt: „Steht Mister X nach dem Wort Maus?" – „Nein." – „Kommt es im Wörterbuch vor dem Wort Garten?" usw. Vereinbaren Sie, dass abwechselnd „vor" und „nach" gefragt werden muss. Ordnen Sie zur Visualisierung die angefragten Wörter an der Tafel an.

KV Seite 90

Hausdurchsuchung

Bei dem Bild „Geige" könnten die Kinder auch das Wort Violine wählen. Wenn Sie Wert auf eine einheitliche Bezeichnung legen, besprechen Sie die Bilder vorab mit der Klasse. Die vorliegende Aufgabenstellung zwingt die Kinder dazu, tatsächlich das Wörterbuch zu benutzen und auch ihre eigene Schreibung der Bildworte zu kontrollieren. Je nach verwendetem Wörterbuch können unterschiedliche Lösungen möglich sein. Aus diesem Grund wird hier nur das Bildwort genannt.

Lösung

Aufgaben 1/2:

Computer, Diamant, Geige/Violine, Geld, Radio, Ring, Spiegel, Uhr

KV Seite 91

Doppelte Wortsuche

Zusammengesetzte Wörter tauchen aus Platzgründen in Nachschlagewerken, vor allem für Kinder, meist nicht auf. Weisen Sie die Schüler aus diesem Grund darauf hin, dass sie in solchen Fällen beide Wortteile nachschlagen müssen. Das wird auf dieser Seite geübt. Zum Teil taucht in der Zusammensetzung nur der Wortstamm auf. Die Schüler müssen die Grundform dazu suchen und diese nachschlagen.

Lösung

Aufgabe 1:

die Gitarrentasche = die Gitarre + die Tasche, das Flussbett = der Fluss + das Bett, das Fliegengitter = die Fliege + das Gitter, die Fensterbank = das Fenster + die Bank, das Hühnerei = das Huhn + das Ei, das Kochbuch = kochen + das Buch, der Sternenhimmel = die Sterne + der Himmel

Aufgabe 2:

Badewanne: baden, die Wanne, Blumenstrauß: die Blumen, der Strauß, Motorboot: der Motor, das Boot, Handtasche: die Hand, die Tasche, Bohrmaschine: bohren, die Maschine

Aufgabe 3:

Tischtennis T T, Staubwedel S W, Marienkäfer M K, Dosenpfand D P, Tafeldienst T D, Vogelscheuche V S, Karottensaft K S, Hasenstall H S

KV Seite 92

Vorsicht Falle!

Um die Schüler an das Problem heranzuführen, bitten Sie sie das Wort Ventil nachzuschlagen. Einige Kinder werden behaupten, dass Wort gebe es in ihrem Wörterbuch nicht. Wie kann das sein? Die Schüler stellen im Gespräch fest, dass das „v" als „w" gehört wird und deshalb an der falschen Stelle gesucht wurde. Bei welchen Wortanfängen gibt es ähnliche Probleme? Vertiefend kann überlegt werden, welche Schwierigkeiten es beim Nachschlagen noch geben kann.

Lösung

Aufgabe 1:

Vulkan, Flöte, Flugzeug, Vase, Wurst

Aufgabe 2:

Chor, Karawane, Charakter, Comic, Cowboy, Kaffee

KV Seite 93

Die Top-Hundert der häufigsten Wörter

Die Häufigkeitsverteilung spielt beim Zusammenstellen eines Grundwortschatzes eine große Rolle. Die vorliegende Liste geht auf H. Meier: „Deutsche Sprachstatistik“ (Hildesheim 1964) zurück. Sich mit dieser Liste rechtschriftlich auf die Probe stellen zu lassen, zumal man die meisten Wörter ja sicher zu können glaubt, ist für die Kinder eine spannende Herausforderung.

Eine Satzkonstruktion für „dass“ brauchen Kinder im 3. Schuljahr noch nicht herzustellen. Mit der Unterscheidung von ihm/im, ihn/in, wen/wenn können die Kinder sich jedoch durchaus beschäftigen. Hier gehen funktionelle Unterschiede mit einem unterschiedlichen Wortklang einher. Klingt der Vokal lang oder kurz? Diese Hilfe fehlt bei „man“ versus „Mann“ und „mehr“ versus „Meer“. Reflektieren Sie die Bedeutungsunterschiede, wenn die Kinder von sich aus darüber stolpern. Die Gegenüberstellung der Schreibung ist aufgrund der Ranschburgschen Hemmung nicht sinnvoll. Bei „ist“ versus „isst“ gibt es zwar Klanggleichheit, aber auch eine – vielleicht schon eingeführte – Ableitungshilfe: „isst“ kommt von „essen“.

Welche Wörter nun als Mitsprechwörter bezeichnet werden und welche als Merkwörter, kann von Schüler zu Schüler variieren. Die Kinder arbeiten zu zweit zusammen und diktieren sich jeweils ein bis drei Wörter. Der diktierende Schüler solltes jedes Wort in einem Satz verwenden, um den Wortsinn deutlich zu machen, z. B. wird oder Wirt? Dann wird die korrekte Schreibung überprüft und anschließend gewechselt. Diese Übung kann beispielsweise über einen bestimmten Zeitraum immer zu Beginn des Sprachunterrichts durchgeführt werden.

Weiterführende Anregung

Die Kinder überprüfen in Zusammenhang mit dem Mathematikunterricht die Richtigkeit der Rangliste durch eine statistische Erhebung an eigenen Texten. Dazu könnte ein Tandem immer für zehn Wörter zuständig sein.

Überlegen Sie mit den Kindern, welche Wörter man zu Gruppen mit gleicher Rechtschreibschwierigkeit zusammenstellen kann, um sie so ökonomischer, weil gemeinsam, zu üben. Das könnte z. B. sein: ihm/ihr/ihn/ihnen, dann/wann, kann/können, vor/vorn/vorne/von/vom. Die Kinder üben ihre Problemwörter nachhaltig weiter.

KV Seite 94

Fette Beute

Die Einteilung in Mitsprechwörter, Nachdenkwörter und Merkwörter soll den Schülern helfen, sich die Rechtschreibschwierigkeiten bewusster zu machen und diese zu strukturieren. Auch sind unterschiedliche methodische Übungsschwerpunkte angezeigt. Das kann mit der zweiten Aufgabe angeleitet werden.

Lösung

Aufgaben 1/2:

Mitsprechwörter: der Pokal (Po-kal), die Brosche (Bro-sche), die Urkunde (Ur-kun-de), der Diamant (Di-a-mant), die Maske (Mas-ke)

Nachdenkwörter: das Gemälde (← malen), das Gold (← gol-dig), der Vorrat (gefährliche Vorsilbe „vor-“), die Kette (Es heißt Ket-te und nicht Keee-te), der Geldschein (← die Gel-der / der Schein)

Merkwörter: das Pulver (Vampir-V), der MP3-Player (mit ay), die Kaffeemaschine (Doppel-f / Doppel-e / die Maschine mit langem „i“), die Uhr (mit Dehnungs-h), die Säge (mit ä)

Weiterführende Anregung

Das Spiel „Fette Beute“ und seine Varianten eignen sich für alle Gruppen von Übungswörtern. Es kann paarweise gespielt werden. Ein Kind, der Wörterdieb, schreibt alle Übungswörter sauber und fehlerfrei auf ein Blatt und zerschneidet es in 15 Karten. Es prägt sich nochmals alle schwierigen Wörter ein. Der Partner, die Wörterpolizei, nimmt den Kartenstapel an sich. Nun schreibt der Wörterdieb möglichst viele Wörter aus dem Gedächtnis auf. Die Reihenfolge ist dabei egal. Der Wörterpolizist kontrolliert währenddessen die Schreibweise. Für jedes richtig geschriebene Wort erbeutet der Dieb eine Karte. Beim ersten Fehlerwort ruft der Polizist: „Hier spricht die Fehlerpolizei! Du bist verhaftet!“ Der Beutezug ist unterbrochen. Das gilt auch, wenn dem Dieb kein Wort mehr einfällt. Die richtig geschriebenen Wörter darf der Dieb behalten. In einem zweiten Anlauf kann er versuchen, die anderen Karten zu erbeuten. Dann wird gewechselt.

Dieses Spiel ist sehr motivierend und macht auch guten Rechtschreibern Spaß, weil auch die Gedächtnisaufgabe eine Herausforderung ist. In beiden Rollen, Dieb und Wörterpolizist, ist man aktiv. Besprechen Sie vorab mit den Kindern: Ein Wort gilt als geschrieben, wenn der „Dieb“ das Wort nach einer letzten Prüfung „freigibt“ und zum nächsten Wort übergeht. Sehr gute Rechtschreiber können den Schwierigkeitsgrad steigern, indem sie die Zahl der Wortkarten erhöhen oder die Wörter buchstabieren, statt diese zu schreiben. Für schwächere Rechtschreiber können Tipps vereinbart werden, z. B.: „Das Wort ist ein Merkwort.“ – „Heißt es Trooo-mel oder Trom-mel?“

Folgende Spielvarianten bieten sich an:

„Fette Beute – fies von vorn“: Der gescheiterte Dieb muss immer wieder von Neuem beginnen und alle Karten abgeben. Die Wörter werden dadurch noch intensiver geübt und gesichert.

„Fette Beute – fies gemopst!“: Der Wettbewerbscharakter des Spiels wird verstärkt, wenn die Diebe um die gleiche

Wortbeute streiten. Es wird also nur mit einem Kartensatz gespielt. Hat der erste Dieb beispielsweise sieben Wörter erbeutet, bevor er von der Fehlerpolizei erwischt wird, kann der andere diese Wörter nach dem Rollentausch zurückstehlen. Wer beginnt, hat zwar den Vorteil der ersten Chance. Scheitert er, kann der andere jedoch von einem Lerneffekt profitieren.

KV Seite 95/96

Silbentrennung

Obwohl die Regeln für die Silbentrennung sehr überschaubar sind, empfiehlt es sich, alle Besonderheiten systematisch durchzuarbeiten. Die Schüler können darauf im Einzelfall zurückgreifen. Ausgehend von einem Modellwort werden weitere ähnliche Fälle bearbeitet. Gerade schwache Rechtschreiber haben mit dem silbischen Durchgliedern oft Schwierigkeiten und profitieren daher besonders von dieser Arbeitstechnik.

Trennfehler können oft lustige Wortschöpfungen ergeben, z. B. Bü-cher-ei, Tom-aten-sa-lat.

Lösung Seite 95

bö-se, Wa-be, Schu-le, Ma-ße, Ba-na-ne, Scho-ko-la-de, hä-keln, La-ken, ra-sen, spü-len, Wa-gen, Ra-sen, Kas-per, wis-pern, Ves-per, Wes-pe, knus-pern, räus-pern, lis-peln, Wan-ge, Jun-ge, Schlin-ge, Zwän-ge, Hun-ger, sin-gen, win-ken, schen-ken, dun-kel, ver-sen-ken, er-trin-ken, ver-dan-ken, ge-len-kig, be-schrän-ken, Ar-beit, Tän-zer, En-te, war-ten, Tul-pe, Hil-fe, schub-sen, rülp-sen, Kek-se, Pin-sel, wär-men

ie- ei- eu- äu- au-

Wie-se, Rie-se, gie-ßen, Rei-se, Schnei-se, wei-len, ei-len, Sei-fe, hei-zen, hei-ßen, Eu-le, Beu-tel, heu-te, Häu-te, Lau-ne, Trau-ben, glau-ben, au-ßen

-h

se-hen, ste-hen, mu-hen, glü-hen, nä-hen, flie-hen, zie-hen, Schu-he

Tru-he, Kü-he, Mü-he

mp-f

Damp-fer, stamp-fen, ab-stump-fen, Schlümp-fe, schimp-fen, rümp-fen, Kämp-fer

t-z

Kat-ze, pet-zen, mot-zen, plat-zen, Schnit-zel, Tat-ze

krat-zen, het-zen

Doppelkonsonanz

Mes-ser, Bag-ger, ken-nen, Kom-ma, Eb-be, Tref-fer, Hap-pen, ein-fet-ten

p-f

Ap-fel, Zip-fel, schlüp-fen, zup-fen, Trop-fen, Karp-fen, tup-fen, tap-fer, Op-fer

s-t

Kis-te, Mus-ter, Pflas-ter, Schwes-ter, has-ten, Kos-ten, läs-tern, fins-ter, Mons-ter, Krus-te, Os-tern

Dehnungs-h

Höh-le, Sah-ne, Jah-re, Droh-ne, fah-ren, meh-ren, Büh-ne, Leh-re, Eh-re, boh-ren, Rah-men, Feh-ler, Füh-ler, Möh-re, Ge-büh-ren, Jah-re, be-feh-len, ver-söh-nen, ent-loh-nen

Lösung Seite 96

Aufgabe 1:

Kir-schen, la-chen, Ta-sche, über-ra-schen, wi-schen, su-chen, Flü-che, zer-bre-chen, grap-schen, Fä-cher, Bü-ro-lo-cher

Aufgabe 2:

ha-cken, Sä-cke, we-cken, zu-cken, Lo-cken, Bä-cker

Aufgabe 3:

Aus-sichts-turm, Tor-wart-tri-kot, Ge-burts-tag, An-nä-he-rung, Sonn-tags-zei-tung, Ad-vents-ka-len-der, Lö-sungs-seite, Kratz-spu-ren

Aufgabe 4:

Lei-er, reu-ig, Be-er-di-gung, Lek-ti-on, bau-en, Au-er-hahn, Be-bau-ung, Na-ti-on, Schau-er, be-en-den, Sen-sa-ti-on, Feu-er, miss-trau-isch, Funk-ti-on

Aufgabe 5:

[aber], [Opa], Ele-fant, Ozon-loch, [Igel], [Idee], [Eber], alar-mie-ren, [egal], Olym-pia, Ope-ra-ti-on, Ana-nas, [übel], Aben-teu-er, [Amen], Amei-se, [oder], eke-lig, [Oper], Ita-li-en

Prof. Wörtlichs ausführliche Abschreibtipps

1. Vorbereitung

- Abschreiben braucht Ruhe, Konzentration und eine aufgeräumte Arbeitsfläche. Alles, was du benötigst, sollte griffbereit sein. Alles, was du nicht benötigst, verschwindet vom Tisch. **Ordnung!**
- Lies den Abschreibtext sorgfältig und in Ruhe einmal komplett durch. **lesen**
- Prüfe: Hast du alle Wörter und den Inhalt des Textes verstanden? Kläre, was unklar ist, z. B.: Geht es um einen **Nach**tisch oder einen **Nacht**tisch? **Inhalt klären**

2. Durchführung

- Lege zur Orientierung unter die Abschreibzeile ein Blatt oder ein Lineal. **Lineal**
- Lies den Satz laut: einmal deutlich und dann noch einmal wie ein Roboter in der Silbensprache. Unter besonders lange Wörter kannst du dir Silbenbögen zeichnen, z. B. Spei se wa gen **deutlich lesen / Silbensprache**
- Untersuche alle Wörter des Satzes auf schwierige Stellen. Markiere diese Stellen und merke sie dir besonders gut, z. B. „dann" schreibe ich mit „nn". **schwierige Stellen**
- Achte auf Nomen und Satzanfänge, da du sie großschreiben musst. **Großschreibung**
- Merke dir auch die Satzzeichen. **Satzzeichen**
- Teile den Satz in Abschnitte auf, die du dir gut merken kannst. Markiere sie mit einem Strich, z. B. so: Im Speisewagen / eines Zuges / speisten einmal / zwei Reisende. **Abschnitte festlegen**
- Schreibe jeden Abschnitt ordentlich auf und verwende dabei die Silbensprache. **schreiben**
- Vergleiche das Geschriebene nach jedem Abschnitt sorgfältig mit der Vorlage (schauen und lesen). **1. Kontrolle**
- Verbessere falsch Geschriebenes so, wie ihr es in der Klasse vereinbart habt. **Korrektur**
- Lies den Satz noch einmal und kontrolliere dabei nur die Satzzeichen und die Großschreibung. **2. Kontrolle**
- Lies ganz am Ende nochmals den kompletten abgeschriebenen Text durch. **Endkontrolle**

Abschreiben ist schwieriger, als man denkt.
Durch regelmäßiges Üben wirst du immer sicherer und schneller.
Am Ende werden sich dein Fleiß und deine Sorgfalt lohnen,
denn du wirst besser in der Rechtschreibung sein.

Name:

Märchenstunde bei Onkel Isidor

Diese Geschichte besteht fast nur aus Mitsprechwörtern. Übe das richtige Abschreiben.

Der Zauberer und der Junge

Im Speisewagen eines Zuges speisten einmal zwei Reisende.
Der eine war ein alter Zauberer.
Sein Begleiter war ein junger Knabe.
Als zum Nachtisch spanischer Wein gereicht wurde,
holte der Alte eine Gabel aus seiner Tasche.
Es war eine ganz besondere Gabel.
Sie war aus echtem Silber.

Sein junger Begleiter staunte:
„Wie schön die Gabel ist, Meister!“
„Ja, das ist sie. Ich habe diese Gabel vor langer Zeit
von einer Reise aus der Türkei mitgebracht.
Ich fand sie dort in einem kleinen Laden
und bewunderte ihre Schönheit.
Der Ladenhüter war schon alt und seine Augen schwach.
Da gehörte die Gabel doch mir, oder?“

„Natürlich nicht!“, dachte der Junge.
Er wunderte sich über diese Frage.
Auch spürte er ein leichtes Unbehagen.
In diesem Moment wurde die Gabel rot,
als sei sie aus roter Glut gemacht.
Der Zauberer reichte sie dem Jungen hinüber.
Der war bleich geworden und meinte:
„Ich habe doch kein Recht auf diese Gabel.“

Der Alte warf die Gabel achtlos aus dem Fenster.
Er schaute den Jungen ernst an.
Dem war nun klar, worauf sein Meister hinauswollte.
Der Junge holte aus seiner Hosentasche
eine kleine Flasche mit kostbarem Eichensaft.
Solchen Saft brauchte der Zauberer für seine Künste.
Mit rotem Kopf reichte der Junge dem Zauberer die Flasche.
„Sei mir nicht böse, Meister!“, bat er.
„Ich werde dein Eigentum von nun an achten.“

Name:

Die Schlinge zieht sich zusammen

Jeweils zwei Begriffe können die Schlinge um den Täter legen. Zeichne ein.

Dieb: Affe, bremsen, Clown, Eimer, frei, Gras, hoffen, Imker

Räuber: Rache, Radio, rechteckig, rissig, Roggen, Ruß, ruhig

Fälscher: Fahne, Fährte, fair, Falle, Falte, falten, Fantasie

Spion: Spalt, Speck, Spiegel, spinnen, spitz, spielen, Spieß

Verräter: verpetzen, Verrat, verraten, verrückt, Vers, verscheuchen

Betrüger: Betrieb, betrübt, Betrug, betrügen, Bett, betreten

Sortiere die drei Wörter jeweils alphabetisch auf die Linien 1, 3 und 5. Suche für die Linien 2 und 4 jeweils ein weiteres passendes Wort aus dem Wörterbuch.

Rätsel | Neid | Paddel

1 ____________
2 ____________
3 ____________
4 ____________
5 ____________

Latz | Larve | Laich

1 ____________
2 ____________
3 ____________
4 ____________
5 ____________

Stroh | Streifen | Strand

1 ____________
2 ____________
3 ____________
4 ____________
5 ____________

Name:

Hausdurchsuchung

Bei Max Schleicher findet Kommissar Kugelblitz reichlich Diebesgut. Fritz Pommes und Sonja Sandmann beschriften die Fundstücke.

Schlage zu jedem Bild das passende Nomen (Namenwort) im Wörterbuch nach. Schreibe auch die Wörter auf, die du direkt darüber und darunter findest.

Die Umlaute ä, ö, ü findest du unter a, o, u.

Ordne das Diebesgut alphabetisch. Markiere anschließend in den Wörtern schwierige Stellen.

Name:

Doppelte Wortsuche

Teile das Wort auf. Schlage beide Wortteile nach und schreibe die Seitenzahlen auf.

die Gitarrentasche = die Gitarre (Seite ___) + die Tasche (Seite ___)

das Flussbett = ____________ (Seite ___) + ____________ (Seite ___)

das Fliegengitter = ____________ (Seite ___) + ____________ (Seite ___)

die Fensterbank = ____________ (Seite ___) + ____________ (Seite ___)

das Hühnerei = ____________ (Seite ___) + ____________ (Seite ___)

das Kochbuch = ____________ (Seite ___) + ____________ (Seite ___)

der Sternenhimmel = ____________ (Seite ___) + ____________ (Seite ___)

Hinter diesen Bildern verbergen sich auch zusammengesetzte Wörter. Suche sie in deinem Wörterbuch.

baden (S. ___),

die Wanne (S. ___)

____________ (S. ___),

____________ (S. ___)

____________ (S. ___),

____________ (S. ___)

____________ (S. ___),

____________ (S. ___)

____________ (S. ___),

____________ (S. ___)

Unter welchen beiden Buchstaben musst du die beiden Wortteile im Wörterbuch nachschlagen? Trage sie ein.

Trinkhalm	T	H	Tischtennis			Staubwedel		
Marienkäfer			Dosenpfand			Tafeldienst		
Vogelscheuche			Karottensaft			Hasenstall		

Name:

Vorsicht Falle!

Manche Wörter sind getarnt und wollen nicht so leicht gefunden werden – ihr Wortanfang ist schwierig. Sie musst du vielleicht an mehreren Stellen suchen.

Diese Wörter beginnen mit einem „W“, „V“ oder „F“. Schlage nach. Schreibe die Seitenzahl auf.

 ______________ (S. ___)

 ______________ (S. ___)

 ______________ (S. ___)

 ______________ (S. ___)

 ______________ (S. ___)

„K“, „C“ oder „Ch“? Schlage nach und trage ein. Schreibe die Seitenzahl auf.

____or (S. ___) ____omic (S. ___) ____arawane (S. ___)

____owboy (S. ___) ____arakter (S. ___) ____affee (S. ___)

Enthält dein Wörterbuch diese Wörter? Kreuze an. Notiere gegebenenfalls verwandte Wörter, die du in deinem Wörterbuch findest.

☐ ja läuferisch ☐ nein: ______________

☐ ja abgekürzt ☐ nein: ______________

☐ ja verpfiffen ☐ nein: ______________

☐ ja das Schwämmchen ☐ nein: ______________

☐ ja kurvig ☐ nein: ______________

☐ ja anspitzen ☐ nein: ______________

☐ ja schwärzen ☐ nein: ______________

☐ ja ausgereift ☐ nein: ______________

Name:

Die Top-Hundert der häufigsten Wörter

Prof. Wörtlich hat mit einem Computerprogramm untersucht, welche 100 Wörter in der deutschen Schriftsprache am häufigsten sind. Sie machen etwa die Hälfte eines Textes aus.

Mache mit einem Partner den Top-Hundert-Test. Nennt zu jedem diktierten Wort einen Satz, in dem das Wort vorkommt.

die	es	wenn	einer		
der	ein	nur	mit	du	ihnen
und	ich	war	über	hatte	seiner
in	auf	noch	ihm	seine	alle
zu	so	werden	diese	mehr	wieder
den	eine	bei	einem	am	meine
das	auch	hat	ihr	denn	Zeit
nicht	als	wir	uns	nun	gegen
von	an	was	da	unter	vom
sie	nach	wird	zum	sehr	ganz
ist	wie	sein	zur	selbst	einzelnen
des	im	einen	kann	schon	wo
sich	für	welche	doch	hier	muss
mit	man	sind	vor	bis	ohne
dem	aber	oder	dieser	habe	eines
dass	aus	um	mich	ihre	können
er	durch	haben	ihn	dann	sei

(Meier: Deutsche Sprachstatistik. Hildesheim 1964)

Markiere alle Merkwörter in der Top-Hundert. Schreibe sie mit einem Warnschild in dein Heft.

Beispiele: da**nn** **Mit Doppel-n!**

vor, **v**on, **v**om **Mit Vogel-v!**

Merkwörter haben mindestens eine schwierige Stelle, für die es keine hilfreiche Regel gibt. Übe diese Wörter und merke sie dir!

Name:

Fette Beute

Behältst du auch bei einer fetten Beute den Überblick? Sortiere die Beute in die Tabelle.

der Pokal | das Gemälde | die Brosche | das Gold | das Pulver

der MP3-Player | die Urkunde | der Vorrat | die Kaffeemaschine | die Uhr

der Diamant | die Kette | der Geldschein | die Maske | die Säge

Mitsprech-wörter	Nachdenk-wörter	Merkwörter

Schreibe die Mitsprechwörter mit Silbenstrichen auf.
Schreibe die Nachdenkwörter auf und füge einen Nachdenktipp hinzu.
Schreibe die Merkwörter auf und markiere die Merkstellen.

Name:

Silbentrennung (1)

Wörter beim Schreiben in Silben zu zerlegen ist eine hilfreiche Arbeitstechnik. Schreibe die Wörter mit Trennstrichen in dein Heft.

Für die Trennung am Zeilenende hilft dir bei den meisten Wörtern das silbische Sprechen. In jede Silbe gehört mindestens ein Vokal (Selbstlaut): T**o**-m**a**-t**e**n-s**a**-l**a**t.

Ro-se  böse Wabe Schule Maße Banane Schokolade

hä-keln Laken  rasen spülen Wagen Rasen Kas-per wispern

Vesper Wespe knuspern räuspern lispeln Wan-ge Junge 

Schlinge Zwänge Hunger singen win-ken schenken dunkel

versenken ertrinken verdanken gelenkig beschränken Ar-beit Tänzer

Ente warten Tulpe  Hilfe schubsen rülpsen Kekse Pinsel wärmen

ie- ei- eu- äu- au-

Wie-se Riese gießen Reise Schneise weilen eilen Seife heizen heißen Eule Beutel heute Häute Laune Trauben glauben außen

Doppelkonsonanz

Mes-ser Bagger kennen Komma Ebbe Treffer Happen einfetten

p-f

Ap-fel Zipfel schlüpfen zupfen Tropfen Karpfen tupfen tapfer Opfer

-h

se-hen stehen muhen glühen nähen fliehen ziehen Schuhe  Truhe Kühe Mühe

s-t

Kis-te Muster Pflaster Schwester hasten Kosten lästern finster Monster Kruste Ostern

mp-f

Damp-fer stampfen abstumpfen Schlümpfe schimpfen rümpfen Kämpfer

Dehnungs-h

Höh-le Sahne Jahre Drohne fahren mehren Bühne Lehre Ehre bohren Rahmen Fehler Fühler Möhre Gebühren Jahre befehlen versöhnen entlohnen

t-z

Kat-ze petzen motzen platzen Schnitzel Tatze  kratzen hetzen

Name:

Silbentrennung (2)

> Manchmal steht am Beginn der Silbe eine Konsonantenverbindung. „Sch“ und „ch“ trennt man nicht: Wa-**ch**e, Ti-**sch**e.

Schreibe die Wörter mit Trennstrichen in dein Heft.

Kirschen  lachen | Tasche

überraschen | wischen | suchen | Flüche

zerbrechen | grapschen | Fächer | Bürolocher

> Diese Regel gilt auch für das „ck“: pa-**ck**en, de-**ck**en.

Schreibe die Wörter mit Trennstrichen in dein Heft.

hacken | Säcke | wecken | zucken | Locken | Bäcker

Bei zusammengesetzten Wörtern musst du auf das Fugen-s oder auf Konsonantenverdopplung (Mitlautverdopplung) achten. Schreibe die Wörter mit Trennstrichen in dein Heft.

Aussichtsturm Torwarttrikot Geburtstag Annäherung

Sonntagszeitung Adventskalender Lösungsseite Kratzspuren

Manchmal kommt es vor, dass eine Silbe in der Wortmitte mit einem Vokal beginnt. Verlasse dich hier auf das silbierende Sprechen: Fei-er, Ak-ti-on.

Leier | reuig | Beerdigung | Lektion | bauen | Auerhahn | Bebauung

Nation | Schauer | beenden | Sensation | Feuer | misstrauisch | Funktion

Schreibe die Wörter mit Trennstrichen in dein Heft.
Achtung: Manche Wörter werden nicht getrennt!
Zeichne einen Kasten um sie.

> Achtung: Eine Silbe mit einem Buchstaben am Wortanfang oder Wortende wird nicht abgetrennt. Es gilt: **Esel**, **Oa**-se, **Ana**-nas.

aber Opa Elefant Igel Ozonloch Idee

Eber alarmieren egal Olympia Operation Ananas übel

Abenteuer Amen Ameise  oder ekelig Oper Italien